Allen wahren Suchenden
auf dem Weg
gewidmet.

Reshad Feild

Spirituelle Psychologie

*Notizen aus einer Klausur
in der Wüste*

Aus dem Englischen
von Susanne Marti und
Edelgard Bachmann

Vorwort

 Die Bedeutung des Wortes „esoterisch" kann definiert werden als „für den Initiierten oder Vorbereiteten". Dieses kleine Buch soll Menschen helfen zu realisieren, dass wir erst, wenn wir zu hundert Prozent für unsere eigenen Gefühle und Emotionen verantwortlich geworden sind, erst, wenn wir niemandem für vergangene Geschehnisse Vorwürfe machen und fähig sind, sowohl uns selbst wie auch anderen zu vergeben, beginnen können, die Wunder und gewaltige Größe der unmanifestierten Welten zu sehen, die im Herzen eines jeden wirklichen Wahrheitssuchers liegen.

Es ist so leicht, all das in unserem Inneren, dem wir uns stellen müssen und das transformiert werden soll, mit unzähligen Heftpflastern zuzudecken und dann zu denken, wir wüssten, anstatt wirklich in Wahrheit zu wissen. Diese Heftpflaster können sogar geschickt in der Form religiöser oder spiritueller Glaubenssysteme verborgen sein, die zwar viel zur Befriedigung unserer Selbstgerechtigkeit beitragen mögen, aber vielleicht nur zusätzliche Schleier sind, die uns vom Geliebten trennen. „Was du suchst, ist das, was sucht," sagte der Heilige Franziskus, aber wir sind blind, wenn wir vergessen, dass jedes Geburtsrecht auch eine Verpflichtung als Gegenleistung erfordert. Diese Verpflichtung besteht in der Suche nach unserem wahren Selbst und in allen Opfern, die notwendig sind, so dass nur die Wahrheit übrigbleibt.

Was transformiert werden muss, sind diejenigen Aspekte unseres Selbst, die nichts von der Einheit Gottes wissen wollen und sich von Seiner Liebe und sogar voneinander getrennt fühlen. Es sind jene Aspekte, die von den Wunden der Vergangenheit leben und den Schmerz mit dem Aufmerksamkeits-Anziehungs-Mechanismus rechtfertigen, der aus dem „Ich Armer"-Syndrom kommt, wie ich es nenne! Diese Aspekte müssen zuerst einmal in Wissen und Liebe in den gegenwärtigen Augenblick gebracht werden, um sie dann der Einen Quelle Allen Lebens wieder darzubieten, damit sie transformiert werden und als „Regen aus einer anderen Welt" niedergehen können. Es ist das „Herabsteigen der gereinigten Kräfte", wie es die alten Alchimisten beschrieben, das wirkliche Hoffnung für unsere Kinder und Kindeskinder bringt, die kommen werden, um die Schönheit des Schöpfers im polierten Herzen des Suchenden zu bezeugen.

Reshad Feild
Devonshire, England, 9. April 1992

Inkarnation und Zwang

Ihr werdet sicher verstehen, dass Sprache eine große Schranke darstellt, und zwar nicht nur die Landessprachen, die uns voneinander trennen können, sondern auch die Sprache, die wir im Laufe unserer Studien des spirituellen Weges innerlich entwickelt haben. Darum bitte ich euch, diesen Text so zu lesen, als wäre er völlig neu, völlig frisch für euch, statt zu versuchen, meine Sprache der euren anzugleichen. In der Tat werden alle Texte, die ich zu schreiben beabsichtige, im Grunde lediglich Gedankensamen enthalten, die ihr als Herausforderung und als Form der Kontemplation nutzen könnt. Ich hoffe, das, was ich in diese Worte hineinlege, wird Fragen aufwerfen. Doch da ich zur Zeit nicht bei euch sein kann, werdet ihr mit euren Freunden bewusst über diese Ideen diskutieren müssen, oder geht einfach in euch und bittet den inneren Führer darum, euch zu den benötigten Antworten zu geleiten.

Sobald ich das Wort „Inkarnation" benutze, gibt es augenblicklich Schwierigkeiten. Dieses Wort wird häufig gebraucht, und doch fragen wir uns kaum, was denn da eigentlich inkarniert. Ich meine, ist es eine Seele? Ist es ein „Wesen"? Wieder einmal das Problem der Sprache. Wenn ich also hier von Inkarnation spreche, nehme ich Bezug auf jeden einzelnen Augenblick der Zeit. Versteht ihr, was ich meine? Schaut tief in euch hinein. Wie oft könnt ihr wirklich sagen, dass ihr *hier* seid, zu hundert Prozent in eurem Körper, und dass all die verschiedenen Aspekte eures Wesens gleichzeitig und in Harmonie miteinander funktionieren? Das kommt bestimmt nicht oft bei uns vor, wenn wir wirklich ehrlich sind. Es ist also eigentlich den anderen gegenüber nicht fair, wenn wir einen Kommentar oder eine Aussage mit dem Wort „ich" abgeben, ohne wirklich hier zu sein. Aber wir benutzen dieses Wort „ich" so oft, als *wüssten* wir tatsächlich, wer wir sind. Übrigens wird in manchen esoterischen Schulen von den Schülern verlangt, eine Zeit lang bewusst das Wort „ich" überhaupt nicht zu gebrauchen, damit sie dahin kommen, wirklich zu fragen: „Wer bin ich?" Ihr könnt diese Übung als Experiment versuchen, wenn ihr wollt. Probiert es einundzwanzig Tage lang, und schaut euch das Ergebnis an. Natürlich ist euch dies ganz freigestellt.

Ich würde dieser Übung, falls ihr sie in vollem Umfang erprobt, hinzufügen, dass ihr dann natürlich auch niemanden mit „du" anredet – es sei denn, ihr wäret ganz bewusst. „Du" zu sagen würde voraussetzen, dass die andere Person wüsste, wer sie ist, ebenso wie du, der vielleicht „ich" sagt! In jedem Fall kann diese Übung viel dazu beitragen, uns aufzuwecken.

Natürlich könnten wir von Inkarnation auch als dem Zeitpunkt der Empfängnis oder dem Moment der Geburt sprechen. Darüber gibt es verschiedene Vorstellungen, aber noch einmal, für die Zwecke dieses Textes möchte ich euch nur ein paar Ideen zum Arbeiten geben.

Vor vielen Jahren hatte ich das Privileg, mehrere Jahre lang mit einer bemerkenswerten Frau aus Österreich zusammenzuarbeiten. Sie verfügte über eine hochentwickelte Intuition, und für diejenigen von euch, welche die Geschichte noch nicht gehört haben, ist es vielleicht interessant zu erfahren, wie sie nach England kam.

Die Frau war halb Jüdin, halb Zigeunerin und stammte aus Österreich. Als sie etwa dreizehn Jahre alt war, hatte sie die Eingebung, dass Hitler die Macht ergreifen und alle jüdischen Familien ebenso wie die Zigeuner weggebracht werden würden. Es war eine Vision, die ihr ganz klar war. Sie flehte ihre Familie an, das Land zu verlassen und nach England zu gehen. Doch die Familie hielt sie für etwas überspannt und unternahm nichts. Sie ging allein zum britischen Konsulat und fragte, ob sie die Londoner Telefonbücher sehen könne. Man sah dieses junge Mädchen, das da ganz allein gekommen war, überrascht an, zeigte ihm aber die Telefonbücher. Sie nahm eine Nadel heraus und öffnete die Bücher mit geschlossenen Augen nach dem Zufallsprinzip. Drei oder vier Namen strich sie an und schrieb an jede dieser Adressen. Ob ihr es glaubt oder nicht, eine dieser Personen war zu diesem Zeitpunkt in Wien. Seine Sekretärin in London erhielt den Brief und rief ihn an (die Telefone funktionierten damals offenbar noch, denn der Krieg war noch nicht erklärt). Er suchte das junge Mädchen auf, und sie erzählte ihm die Geschichte. Sie gelangte nach England und wurde schließlich Krankenschwester, wie sie es sich schon immer gewünscht hatte. Ihre gesamte Familie wurde im Holocaust vernichtet.

Offenbar „inkarnierte" diese Frau mit einer großen Sensitivität und hochentwickelten Intuition. Sehr viel später war sie daher in der Lage, vielen von uns zu helfen, diese schlummernden Talente zu entwickeln, die Gott uns in unterschiedlichem Maße gibt. Und so war es wirklich ein Glück für mich, sie vor all diesen Jahren getroffen und mit ihr gearbeitet zu haben.

Die Art und Weise wie sie ihre Methode der „Therapie" erklärte, war sehr einfach. Sie sagte uns, dass wir bei unserer Inkarnation auf diesen Planeten mit einem Zwang inkarniert worden seien, und zwar ohne Ausnahme. Der Zwang könne entweder als etwas Negatives angesehen werden, das unser Leben auf eine negative oder gar zerstörerische Art beherrsche, oder aber, wenn wir unserem Leben aufrichtig und mit großer Stärke begegneten und nichts zu vermeiden suchten, dann wären wir vielleicht in der Lage herauszufinden, worin dieser Zwang für jeden von uns bestünde, und würden dadurch fähig, ihn für etwas Gutes zu nutzen.

Was ist ein *Zwang?* Im Grunde ist es einfach, doch muss ich euch noch einmal daran erinnern, dass es nötig ist, diesen Text so anzusehen, als wüsstet ihr gar nichts von herkömmlicher Psychologie.

In dieser Welt ist das Leben eine Frage von *Ja* und *Nein,* und manchmal aber auch jener wunderbare neutrale Zustand, der zwischen diesem Aufeinanderprallen von Gegensätzen liegt. Doch was wir meistens tun, ist überkompensieren, entweder zur einen oder zur anderen Seite, nach der das Pendel ausschwingt. Wir „schieben den Fluss", wie ein großer Schriftsteller einmal sagte. Und beim Schieben des Flusses stellt sich oft heraus, dass wir in die falsche Richtung gehen, für uns wie auch für andere. Wir können fast untergehen in diesem Prozess, wenn wir eine Situation überkompensieren, die uns gegeben wurde und mit der wir ohne Wissen nichts anfangen können.

Wir arbeiteten in der Art mit der Frau, dass wir einmal pro Woche eine Klasse besuchten, meistens nur die Person, die mit ihr studierte (obwohl es auch Gruppenunterricht gab). Wir erzählten ihr gewöhnlich, was im Laufe der letzten Woche geschehen war. Sie schrieb immer jede Einzelheit auf, gab keine Kommentare ab, sondern bestätigte lediglich den Erhalt der Informationen mit einem „Danke". Dieser Prozess dauerte bei einigen Leuten sehr lange. Es hing davon ab, wie aufrichtig wir alle mit ihr waren. Sie versuchte auf diese Weise, uns vor Augen zu führen, dass es ein bestimmtes Muster gab, nach dem wir im Alltagsleben funktionierten, obwohl das meiste davon sehr verborgen ist dank der Subtilität des Egos, das immer Spiele mit uns spielt. Und wie schlau ist dieses Ego!

Wenn schließlich der richtige Zeitpunkt gekommen war – wir müssen uns immer daran erinnern, dass nichts geschehen kann, bevor der richtige Zeitpunkt eingetreten ist – dann fragte sie uns, ob wir sehen könnten, dass wir tatsächlich einen Zwang hätten, den wir entweder von unseren Eltern oder Vorfahren geerbt hätten oder mit dem wir auf die Welt gekommen seien, um Erfahrungen für das Wachstum der Seele zu sammeln. Auch dies sind wieder nur Worte, und wie Mevlana sagt: „Worte sind Schleier vor der Wahrheit."

Die Bedeutung des Zwangs erklärte sie auf ganz einfache Art mit dem Wort „müssen". Dieses Wort erzeugt eine zwanghafte Handlung, oder zumindest kann es dies tun. „Ich muss das kontrollieren" ist zum Beispiel ein typischer Zwang. Es könnte auch heißen: „Ich muss das monopolisieren" oder „ich muss dem entfliehen, ich muss mich davor verstecken, ich muss das verlangen" oder gar „ich muss das geben". Die Liste ist endlos. Mit anderen Worten, sie versuchte uns zu erklären, dass unser Leben zumindest teilweise immer von unserem sehr persönlichen Zwang, mit dem wir auf die Welt gekommen sind, beherrscht wird, oder, wie ich es auch ausdrücken könnte, dass wir jedesmal, wenn wir schlafen, von einem solchen Zwang kontrolliert werden. Wenn wir völlig erwacht sind, „erleuchtet", falls euch das Wort gefällt, dann ist der Zwang in ein positives Werk umgewandelt für das ganze Wesen, das man „du" nennen könnte. Versteht ihr überhaupt, was ich meine? Ich wünschte nur, ich könnte bei euch sein und versuchen, es euch ausführlicher zu erklären, aber es *ist* durchaus möglich, dass ihr es selbst herausfindet.

Der spirituelle Weg ist sehr gefährlich, wenn wir nicht im Gleichgewicht sind, und deswegen empfehle ich den Leuten immer, regelmäßig körperliche Übungen zu machen, und zwar sehr bewusst im Wissen, dass es wirklich nötig ist für unser Wohlbefinden in allen Welten. Daneben sind das Studium, unser religiöses Leben und die Übungen, vor allem diejenigen, die den Atem und das Atmen beinhalten, ebenfalls lebensnotwendig. Doch müssen wir auch unsere Psychologie im Gleichgewicht halten, und an dieser Stelle merkt ihr vielleicht, dass ich bewusst das Wort „müssen" verwendet habe. Das war nur, um zu sehen, ob ihr auch zuhört!

Wie können wir also mit diesem Zwang umgehen, mit diesen Zwängen, die wir alle haben? Unsere Zwänge können von unterschiedlicher Art sein, doch es gibt eine Hauptantriebskraft, einen Zwang, der alle anderen aktiviert. Und das ist es, worum ich euch bitte: Tut euer Bestes, diesen selbst herauszufinden. Die einzige Möglichkeit, dies zu tun, ist in äußerster Aufrichtigkeit. Macht eine Liste aller Zwänge, die euch in den Sinn kommen – und das mit Humor! Die Liste ist endlos. Seid nicht zu ernst dabei, aber seid doch in der Hinsicht ernst, dass im Zwang keine Freiheit liegt, aber dass es viel Freiheit gibt, wenn wir wissen, was wir mit dem entdeckten Zwang tun können.

Der erste Schritt besteht darin, herauszufinden,

was, unserem Gefühl nach, unser persönlicher Zwang ist – womit wir inkarniert sind, und das kann wie gesagt vor allem dadurch geschehen, dass wir völlig ehrlich zu uns sind und sehr sorgfältig das Muster unseres Lebens untersuchen und die Neigung der Muster, sich zu wiederholen. Warum? Natürlich wegen des Zwangs, dem wir unterworfen sind. In gewisser Hinsicht ist das sehr einfach und in anderer Hinsicht ebenso kompliziert. Dann ist es möglich, den Zwang in etwas Kreatives und Nützliches umzuwandeln. Ich werde versuchen, dies zu erklären.

Nehmen wir zum Beispiel an, der Zwang lautet: „Ich muss das monopolisieren." Das heißt, die Person fühlt sich gezwungen, in jeder Hinsicht im Mittelpunkt zu stehen, sei es in einer Unterhaltung oder sonstwo. Diese Person neigt offensichtlich dazu, in einer Führungsposition zu stehen oder ein erfolgreicher Geschäftsmann zu sein. Doch dann leidet er oder sie höchstwahrscheinlich unter gewaltigem emotionalem und nervlichem Stress, weil es unmöglich ist, jede Situation jederzeit zu monopolisieren. Ebenso ist es, wenn der Zwang lautet: „Ich muss das kontrollieren." Dann wird sich diese Person auf der negativen Seite des Pendelausschlages oft frustriert, verärgert oder deprimiert fühlen, weil es niemanden gibt, außer Gott, der alles kontrollieren kann. Doch es gibt Hoffnung. Im Verständnis dieser Ideen liegt wahre schöpferische Hoffnung.

Nehmen wir das erste Beispiel. „Ich muss das monopolisieren." Worte können im Unbewussten geändert werden, nicht wahr? Worte haben, wie wir alle wissen, eine große Macht. Sie können kreativ sein oder destruktiv und gefährlich. Immer, wenn wir „ich muss" sagen, es sei denn, wir sagen diese Worte bewusst, sind wir sofort nicht mehr im gegenwärtigen Augenblick. Wenn wir „ich muss" sagen, projizieren wir uns selbst, unsere Ideen, unsere Bestrebungen usw. in die Zukunft, aus dem Zwang und aus den Mustern der Vergangenheit heraus. Wenn wir dagegen das Wort „müssen" herausnehmen und ein anderes Wort einsetzen, kann sich uns eine völlig neue Welt auftun. Das Wort, das wir für das ursprüngliche Wort einsetzen, müssen wir selbst erfinden und niemand sonst. Wir müssen es für uns selbst wahr machen. Es hilft nichts, wenn jemand kommt und uns sagt, was wir mit der Lücke im Satz machen sollen, wenn wir das Wort „müssen" herausnehmen. Wir müssen die kreativste Methode finden, um aus dem Satz, der zumindest teilweise unser Leben bis zu diesem Tag beherrscht hat, das Beste zu machen. Wir könnten beispielsweise sagen: „Jetzt *kann* ich das kontrollieren," aber wir könnten ebensogut ein anderes Wort oder andere Wörter benutzen. „Jetzt bin ich *fähig,* das zu kontrollieren," ist ein weiteres Beispiel, oder: „Ich habe es *nicht nötig,* das zu monopolisieren" oder „ich *brauche* das *nicht* zu kontrollieren." Ihr könnt das selber herausfinden.

Mit anderen Worten, ich schlage vor, dass alle, die zu den Gruppen und Klassen gehen, diesen Text genau lesen, dass ihr ihn zu euren Aufzeichnungen legt und darüber meditiert. Wenn dann die Zeit gekommen ist, arbeitet ihr die Ideen aus, die ich euch gegeben habe, und schaut, ob ihr in eurem Leben eine entscheidende Änderung vornehmen und dadurch die verschiedenen Aspekte eures Wesens ins Gleichgewicht bringen könnt. Vergesst aber nicht, auch körperliche Übungen zu machen! Und vergesst nicht, den religiösen Teil eures Lebens oder das Studium oder den *Dhikr.* Erinnert euch: Gott hört eure Stimme gern.

„Drei Dinge
sind meiner würdig in eurer Welt,
Frauen, Parfüm und das Gebet"

(Der Prophet Mohammed)

 In meinem letzten Text, der in der Wüste von Arizona geschrieben wurde, wo ich mich in einer sehr strengen Vierzig-Tage-Klausur befinde, habe ich über das Wort „Zwang" gesprochen und darüber, wie jeder von uns mit einem ganz bestimmten Zwang inkarniert. Ich habe euch einige Ideen zur Kontemplation gegeben und vorgeschlagen zu versuchen, euch selbst gegenüber völlig aufrichtig zu sein. Versucht allein oder in kleinen Diskussionsgruppen herauszufinden, was möglicherweise euer persönlicher Zwang ist, wie das Muster eures Lebens, und in der Tat unser aller Leben, unmittelbar von diesem endlosen Rad sich ständig wiederholender Gewohnheiten beeinflusst wird. Und wie wir fähig werden könnten, unser Leben zu verändern, indem wir durch diese uneingeschränkte Aufrichtigkeit nicht nur unsere eigenen Muster entdecken, die von einem Zwang herrühren, sondern auch, wie wir die Worte dieses Zwanges in etwas wahrhaft Positives umwandeln können, nicht nur uns zuliebe, sondern auch für unsere Beziehung zum Leben überhaupt. Darum ist dieser Prozess der Selbstentdeckung in Wirklichkeit eine unmittelbare Art des Dienens.

Unsere Psychologie ins Gleichgewicht zu bringen, ist lediglich eines von vielen Dingen, die wir tun müssen, um *Hu-Man,* das heißt Gott-bewusst, zu sein. Wie ich so oft gesagt habe und wie es uns Tag für Tag gesagt wird, sei es direkt oder durch die Zeichen der äußeren Welt, mit denen wir ständig konfrontiert werden, sind wir meistens im Schlafzustand, sind Tagträumer und Schlafwandler, obwohl wir uns „bewusst" nennen. Es bedarf nur ein wenig ehrlicher Bemühung, um herauszufinden, dass dies stimmt – obwohl wir der Wahrheit oft nicht gern ins Gesicht sehen. Es tut weh und bringt uns in tiefste Verlegenheit, vor allem wenn wir schließlich alle unsere Fehler zusammenzählen müssen, um sie Gott übergeben zu können. Er wird sich ihrer in Seiner Zeit annehmen, aber die Liste müssen wir machen!

Das Wort des Propheten, das ich hier zitiert habe, ist vielen ein Geheimnis geblieben. Einige hörte ich sagen, es bedeute offensichtlich, dass die islamische Welt die Frauen nicht verstehe, und andere lächerliche Dinge. Solche Leute können nicht begreifen, dass diese Worte gleichwie von Gott gesprochen sind. In diesem Text wollen wir versuchen, ihre Essenz zu verstehen, denn durch das wahre Verständnis der Bedeutung hinter diesen Worten werden wir uns vielleicht von vielen Missverständnissen befreien können, die uns einen großen Teil unseres Lebens im Käfig der Illusionen gefangengehalten haben. Dieses Verständnis wird auch dazu beitragen, uns aufzuwecken für unsere Verantwortung, als Mann und Frau geboren worden zu sein, und uns den wunderbaren Unterschied sehen zu lassen, den Gott gemacht hat, indem er uns mit männlichem und weiblichem Geschlecht erschuf. Nach meiner persönlichen Erfahrung scheinen wir im Westen soviel durch die Schuld verloren zu haben, die oft darauf beruht, dass man nur auf die Form und nicht auf die Essenz des Christentums schaut und darauf, dass es so viele verschiedene Meinungen über die Rolle von Jesus gibt. Diejenigen von euch, die schon eine Weile mit mir zusammenarbeiten, beginnen sicher, die „Linie der Propheten" zu verstehen und das „Siegel der Propheten" sowie das „Siegel der Heiligkeit", das in Jesus Christus gesehen wird. Möglicherweise beginnt das wahre Verständnis des auferstandenen Christus in eurem Herzen und eurem Bewusstsein zu erwachen (in meinem Buch *Die Alchemie des Herzens* definiere ich Bewusstsein als „die Reaktion der aktiven Intelligenz auf Muster"), im Wissen, dass alles in jedem Einzelnen von uns liegt und nur darauf wartet, entdeckt und erkannt und dann wieder ins Licht zurückgebracht zu werden.

Lasst uns das Zitat noch einmal betrachten und herausfinden, wie uns das Verständnis dieser Worte helfen könnte. Zuerst müssen wir uns daran erinnern, dass nichts zufällig geschieht. Ich habe vor kurzem den Ausspruch gehört, dass „Synchronizität Gottes Tarnung" sei. Wenn er also sagte: „Drei Dinge sind meiner würdig in eurer Welt," müssen wir beachten, dass die Zahl *drei* lautet, und nicht zwei oder fünf. Warum? Weil drei die erste Zahl ist. Eins ist keine Zahl, es ist eine Einheit. Zwei ist keine Zahl, es ist die Verdoppelung von eins. Drei, die Trinität, die Trimurti, die Triade usw., ist die erste Zahl – das heißt, die erste Zahl, die in unserer Welt irgendeine Wirkung haben kann. „Das Eine erzeugt die Zwei, die Zwei die Drei, und die Drei die zehntausend Dinge" *(Tao Te King).*

Erlaubt mir, einen Augenblick abzuschweifen und euch eine Geschichte über Synchronizität zu erzählen! Ihr wisst, ich liebe Geschichten…

In dieser Klausur mache ich neben Studium und Meditation drei Stunden Yoga täglich, und euer alter Freund Reshad ist nicht der Gelenkigste von allen. Drei Stunden *sehr* anstrengendes Yoga und Atmen sind viel für mich, aber glücklicherweise gibt es einen Chiropraktiker ganz in der Nähe, der meinen Rücken und meine Knochen in Ordnung hält. Allerdings renkt er nichts ein. Er steht einfach da, berührt dich an bestimmten Stellen, und die Knochen rücken von selbst wieder an ihren Platz. Er hat sehr schöne Augen, ist klein und dünn und ruhig und ein bisschen geheimnisvoll. Ich fragte ihn schließlich, was er nun wirklich mache. „Oh," sagte er, „ich stehe einfach hier und liebe Sie." Wir sahen uns einen Moment in die Augen und wussten beide, dass wir uns aus einem bestimmten Grund begegnet waren und dass mein überaus steifer und schmerzender Körper nur die Visitenkarte für etwas anderes war. Habe ich nicht in einem meiner Bücher gesagt: „Der Schmerz ist die Visitenkarte deiner selbst"?

Gestern ging ich wieder zu einer Behandlung. Der Doktor war sehr aufgeregt. „Sehen Sie, Reshad," sagte er und hielt mir ein Stück Papier hin. Darauf stand der Name eines anderen Arztes sowie ein Buchtitel und der Name des Verfassers, an den ich mich nicht erinnere. Die Geschichte dazu geht so: Mein Arzt, selbst von einer vierundzwanzig-stündigen Autofahrt quer durch das Land ermüdet, hatte seinen eigenen Arzt am Tag zuvor zu einer Behandlung aufgesucht. Während er wartete, nahm er dieses Buch in die Hand. Er blätterte es durch und fand es irgendwie interessant. Dann schloss er die Augen und schlug es nach dem Zufallsprinzip auf. Das Buch öffnete sich auf einer Seite, die mit den Worten begann: „Wie Dr. Reshad Feild in seinem Buch *Das Siegel des Derwisch* sagt…," worauf ein langes Zitat folgte. Nun, das ist Synchronizität und Gottes Tarnung! Wir fragen uns beide, warum wir einander begegnet sind. Ich bete darum, dass wir es in Gottes guter Zeit herausfinden werden.

Doch jetzt zurück zu unserem Text… Der Prophet sagte auch „eure" Welt, und das zeigt uns, dass Er uns diesen Planeten gibt, damit wir darauf leben, aber auch, damit wir dessen Hüter sind. Es *gibt* einen gewissen Grad des freien Willens in dieser Welt, aber sehen wir uns doch an, was wir damit gemacht haben. Es ist nicht nötig, ein weiteres Mal auf den völligen Zerfall hinzuweisen, den wir um uns herum sehen, angefangen bei der Ökologie des Planeten bis hin zur Verschmutzung des unbewussten Teils des Menschen, durch die wir immer mehr im Schlamm der Illusion versinken. Wann werden wir aufwachen, um unsere wahre Verantwortung zu erkennen und damit die Verantwortung gegenüber unseren Kindern und Kindeskindern? Für einen großen Teil der Menschheit ist es vielleicht schon zu spät, aber das bedeutet um so mehr, dass wir aufgefordert sind, an uns selbst, an unserer Psychologie zu arbeiten. Es heißt, dass wir, wenn wir wirklich bewusst werden, die Heiler von Vergangenheit und Zukunft sind, für Hunderte von Jahren vor unserer Geburt und für eine gleiche Anzahl unmanifestierter Jahre, die potentiell in der Zukunft existieren – der „Zug aus der Zukunft", der darauf wartet, dass der Zugführer das Signal zur Einfahrt geben kann. Das geschieht erst dann, wenn wir bereit sind, die direkte Verantwortung für unser Leben zu übernehmen und dann für das Leben anderer, die um Hilfe rufen.

Das nächste Wort in dem Satz ist das Wort „Frauen". Ich frage mich, ob ihr jemals innegehalten habt, um zu erkennen, wie einfach dies zu verstehen ist, ob ihr nun als Männer oder Frauen geboren seid. Es ist wirklich einfach. Seht, wir alle kommen aus dem Mutterschoß. In dieser Erkenntnis können wir verstehen, dass die Frau alles gleichzeitig weiß und der Mann jeweils nur eine Sache. Aus diesem Grunde sind die Funktionen von Mann und Frau so verschieden, und darum ist das Verständnis der göttlichen Mutter so wichtig – ganz gleich, welchen religiösen oder spirituellen Hintergrund wir haben.

Ohne dieses Verständnis, ohne diesen ganz tiefen Respekt für die Frau und ihre Rolle auf der kosmischen Skala der Dinge, werden wir niemals unsere persönliche Psychologie ins Gleichgewicht bringen können. Wir werden immer überkompensieren, und da einer seiner heiligen Namen *Ya-Alim** ist, der All-Wissende, wäre es einfach unmöglich, diesen Namen manifestieren zu helfen, wenn wir uns nicht daran erinnerten, dass jeder einzelne von uns von der Frau kommt. Deshalb müssen wir sie lieben und respektieren, und es ist ihre Funktion uns aufzuwecken und zu erinnern, wenn wir vergessen. Das ist nur eine ihrer Rollen und Funktionen. Wir Männer vergessen dies manchmal und lassen uns nicht gern erinnern!

Jetzt können wir vielleicht sehen, warum der Prophet das Wort „würdig" verwendete. Um des Wissens von Gott würdig zu sein (und an dieser Stelle müssen wir uns daran erinnern, dass es Wissen ist, das Liebe verankert, und dass Liebe ohne Wissen nicht genügt), ist es offensichtlich nötig, uns zu erinnern, woher wir gekommen sind. Manche Menschen tragen sogar ein kleines Stück Lehm bei sich, das sie neben sich legen, wenn sie zu Gott, zu Allah beten, einfach nur um sie an ihren bescheidenen Ursprung zu erinnern. Im Koran wird auch gesagt: „Ich war, als Adam noch zwischen Wasser und Lehm war."

* Die arabischen Namen und ihre Bedeutung stammen aus dem Buch *The Most Beautiful Names* von TOSUN BAYRAK, Threshold Books, Putney (Vermont), 1985.

Was ist hier die Bedeutung des Wortes „Parfüm"? Wieder ist es so einfach, aber ich erinnere mich auch, dass mein geliebter Lehrer mir einmal in einer seiner sehr frustrierten Stimmungen sagte (Reshad hatte wahrscheinlich nicht richtig zugehört): „Aber du *weißt* nichts wirklich, außer es wird dir gesagt." Wir können etwas intuitiv erfassen, aber um es zu wissen (erinnern wir uns daran, dass alles Wissen schon in uns ist), müssen wir das Neue tatsächlich von einem Menschen hören, damit die Intuition bestätigt wird.

Parfüm ist eine Emanation, und Emanationen beruhen auf dem Grad der Schwingungen eines jeden Momentes. Wenn wir die richtige Schwingung haben, herrscht eine gute Emanation im Raum. Es gibt keine Disharmonie oder Misstöne mehr. Sogar die Gedanken beginnen sich zu freuen, heimzukehren zum Licht. Es herrscht Friede. Die Atmosphäre ist angenehm. Es tut uns gut, sich in einem solchen Raum aufzuhalten. Wir alle haben das schon auf die eine oder andere Art erfahren. Es riecht gut. Das Leben ist süß und voll von Seiner Schönheit. Doch wenn böse oder negative Gedanken vorhanden sind und es keine Kontrolle über die niederen Aspekte unseres Egos, unserer *Nafs* gibt, dann herrscht eine schlechte Stimmung im Raum. Es gibt ein Gefühl der Uneinigkeit, es kommt zu Streit, Harmonie und Schönheit fliegen zum Fenster hinaus. Die Situation ist nicht angenehm. Aber es *kann* ein feines Parfüm da sein, das wir tatsächlich spüren und riechen können.

Ich erinnere mich an eine solche Erfahrung, als einmal ein großer spiritueller Lehrer aus der Türkei bei uns in Los Angeles war. Viele Menschen kamen von früh morgens bis spät in die Nacht, um ihm zu begegnen. Wir hatten ein kleines, bescheidenes Gemeinschaftszentrum, und so musste natürlich alles sehr sauber gehalten werden. Aber das ist nichts Neues für uns, wie ihr alle wisst! Das Bemerkenswerte war, dass nicht nur einer, sondern viele Leute, die von der Bushaltestelle oder von ihrem Parkplatz her den Hügel heraufkamen, den Duft von Rosen wahrnahmen… Ich wurde gefragt, ob ich die Leute mit Sprühdosen auf die Straße schicke. „Natürlich nicht!" sagte ich, aber der Duft war wirklich so. Wir konnten alle das Parfüm riechen, nicht nur im Haus (und das kam nicht vom Reinigen mit Rosenwasser), sondern die ganze Straße entlang. Wir hatten etwas getan, das Gottes würdig war. Wir hatten bewusst geatmet. Wir liebten das Leben. Vielleicht waren wir sogar ein wenig bewusst! Die Emanation von der Ebene liebevoller Schwingungen manifestierte sich diesmal als Rosenduft.

Das letzte Wort ist „Gebet". Gott betet gewissermaßen die ganze Zeit für uns. Er *weiß*, Er ist der All-Sehende und der All-Hörende. Es gibt kein Haar auf unserem Kopf, das nicht „gezählt" wäre, wie es in der Bibel heißt. Es gibt kein Entkommen für die verschiedenen Grade unserer Unaufrichtigkeit. So sehr wir uns auch bemühen, unsere Fehler und unsere Schwächen zu verdecken, sie sind alle bekannt, und wie ich in diesem Text schon früher gesagt habe, wird für uns alle ein Tag kommen, den man den „Jüngsten Tag" nennen kann. Das ist der Tag, an dem wir wirklich auf die Knie fallen und beten! Dann werden wir wissen, was Reue heißt, und dann, endlich, können wir die Bedeutung jener wunderbaren Worte verstehen, die so oft im heiligen Koran zitiert werden: „Wahrlich, Er ist all-vergebend, ewig-barmherzig."

Es ist unsere Pflicht zu beten, im Wissen um unsere völlige Abhängigkeit von Gott. Das ist gute Psychologie! Und spart viel Geld für Therapeuten … Früher oder später werden wir alle in die Knie gezwungen. Das Gebet ist *würdig,* weil Er im Gebet unsere innersten Sehnsüchte vernehmen kann. „Suchet, so werdet ihr finden, klopfet an, so wird euch aufgetan." Dies ist Gottes Versprechen an uns, und so müssen wir uns dessen würdig fühlen, Ihn so zu erkennen, wie Er erkannt werden will. Darum sollen wir so zu Ihm beten, als ob wir Ihn sehen könnten, und wenn wir Ihn nicht sehen können, dann beten wir trotzdem! Eines Tages werden wir Ihm vielleicht von Angesicht zu Angesicht begegnen. Es wird nichts mehr dazwischen stehen. Unsere Psychologie und unsere innere Ökologie werden im Einklang mit dem Geist im Lichte Gottes sein. Dann werden wir *wissen,* was wir in jedem einzelnen Augenblick der Zeit hier in unserer Welt zu tun haben.

Lasst mich zum Schluss dieses Textes noch einmal erklären, dass sich uns, wenn wir diese drei

Dinge, von denen ich gesprochen habe, verstehen können, eine völlig neue und aufregende Welt der Verantwortung eröffnen wird. Unsere Beziehungen können sich verändern. Wir sehen die Funktionen von Mann und Frau und was Gott von uns durch die verschiedenen Rollen der Geschlechter will. Durch harte innere Arbeit und durch gute Kommunikation in völliger Aufrichtigkeit uns selbst und unseren Partnern und Freunden gegenüber können wir beginnen, eine schöne Schwingung aufzubauen, die das Parfüm Seiner Liebe verströmen kann, wo immer wir hingehen. „Wohin du auch gehst, dort ist heiliger Boden." Schließlich können wir sogar unsere nunmehr gesunden und ausgeglichenen Körper dem Einen Schöpfer von Allem, Gott, Allah, als eigentliches Gebet darbringen. Wir können uns Ihm zuwenden, und mit jeder Drehung sagen wir: „Nimm diesen meinen Körper im Gebet. Tu' mit mir, was immer Du willst, und ich werde immer dankbar sein. Ich habe mein Bestes getan, mein Leben zu destillieren, um Deiner Liebe würdig zu sein, denn Liebe ist die Ursache, und Liebe ist ihre eigene Wirkung, und letzten Endes ist Liebe die Ursache aller Schöpfung. So nimm meinen Körper. Er ist Dein, wie er es immer war, nur dass ich es vorher nicht gewusst habe. Und so werde ich in Dir leben, wie Du in mir gelebt hast." Amen.

Mögen wir alle auf dem Geraden Weg geführt werden.

Loyalität und Verpflichtung

"Er ist beides, der Name
und der Genannte"

Einen Zauberteppich aus Ideen zu weben ist eine der Lehrmethoden, welche die Sufis immer angewendet haben. Der Zauberteppich ist da, um darauf zu fliegen und uns höher und höher streben zu lassen, über die Begrenzungen der Welt der *Erscheinungen* hinaus, hin zu dem, was manchmal die "wirkliche Welt" genannt wird. Die Muster des Teppichs enthalten viele verborgene Schätze für den nach Wahrheit Suchenden. Selbst die Farben haben einen verborgenen Sinn für diejenigen, die das Tor zum Unbekannten geöffnet haben. Und doch wird in allen Teppichen bewusst ein Makel versteckt, scheinbar ein Fehler im Muster, zum Zeichen dafür, dass wir Menschen sind und daher noch nicht vollkommen!

Aber ein Zauberteppich fliegt nicht von selbst. Wir könnten zu einem Weisen gehen, von dem wir gehört haben, dass er tatsächlich einen solchen Zauberteppich besitze, doch befinden wir uns in einem traurigen Irrtum, wenn wir erwarten, dass wir uns nur darauf zu setzen brauchen, um in die wirkliche Welt zu fliegen. Der Teppich wird fest am Boden bleiben, dort, wo wir ihn finden. Er wird sich nicht von der Stelle rühren, und es spielt auch keine Rolle, wo wir sitzen! Wir können die Mitte oder eine der vier Ecken versuchen, verschiedene Winkel und Richtungen ausprobieren, doch auch der schönste Teppich wird sich nicht bewegen, wenn wir die notwendigen Anstrengungen nicht auf uns nehmen, um die Mysterien zu enthüllen, die in die feinen Muster vor uns eingewoben sind.

Im Verlauf der Geschichte können wir sehen, dass in Zeiten, wo die Essenz der Wahrheit zu zerfallen beginnt, ein bestimmtes essentielles Wissen für die nächsten Generationen verborgen bleibt, um erst wiederentdeckt zu werden, wenn die Welt wieder zur Ruhe gekommen ist und die Suchenden sich nicht mehr mit den verwässerten und abgenutzten Versionen der Wahrheit zufrieden geben. Während wir uns dem Ende dieses Jahrtausends nähern, können wir um uns herum die Zeichen eines solchen Zerfalls beobachten. Überall, in den Vereinigten Staaten und in Europa, gibt es eine Armee von Suchenden. Doch wie können sie wissen, was die Wahrheit ist und wo sie die richtige Nahrung für das Wachstum ihres ewigen Wesens und die Befreiung ihrer Seele erhalten können? Wir leben in der Ära des spirituellen Supermarktes, und unser Alltag wird weitgehend von der sogenannten Dinosaurier-Big-Business-Haltung geprägt. Wie Dinosaurier verschlingen die großen Konzerne weite Bereiche von kleinen Unternehmungen, und so werden Familien auseinandergerissen, die sehr lange und hart an deren redlichem Aufbau gearbeitet haben, während zur gleichen Zeit um sie herum Städte entstehen. Doch wie in der Vergangenheit werden diese riesigen Tiere einmal aussterben und eines Tages als Fossilien oder versteinerte Knochen in der Erde wiedergefunden werden. Auf diese Weise vergehen die Zyklen dieser Welt, doch die Ewige Wahrheit bleibt für immer bestehen.

In unserem eigenen inneren Schmerz und unserer Verwirrung ist es schwierig, sich daran zu erinnern, dass es wirklich notwendig ist, nicht nur für uns selbst, sondern auch für unsere Kinder und Kindeskinder zu arbeiten. Vielleicht fragen wir uns, wie um alles in der Welt wir den künftigen Generationen nützlich sein können, wenn wir nicht einmal imstande sind, unsere eigenen Angelegenheiten in den Griff zu bekommen. Wir sehen die Welt um uns wie ein Kartenhaus einstürzen. Beziehungen kommen und gehen fast wie die Jahreszeiten. Einer geht, ein anderer kommt, der Knoten des Samsara zieht seine Schlingen immer enger um unseren Hals. Oberflächlich gesehen scheint es unmöglich, etwas wirklich verändern zu können, solange in jeder Morgendämmerung Kriege ihr Lied anstimmen und unsere Taschen immer leerer werden, weil die Dinosaurier unsere Ersparnisse auffressen. In der westlichen Kultur sind wir ohne Versicherungen in großen Schwierigkeiten. Wenn wir zum Beispiel krank werden und ärztliche Hilfe brauchen, wohin gehen wir, an wen können wir uns wenden? Andererseits zahlen wir, wenn wir Versicherungen abschließen, für die Folgen der Gier vergangener Generationen, für die ökologische Vergeudung und den völligen Mangel an Wissen, der bei den soge-

nannten Führern der verschiedenen Staaten vorzu-
herrschen scheint.

Aber es *gibt* einen Weg, wie wir an der wechsel-
seitigen Erhaltung des Planeten teilnehmen können, jetzt und für die kommenden Generationen. In
unserer Tradition – wie auf allen wirklichen Wegen
– wird gesagt, dass von bewussten Menschen nicht
nur die Vergangenheit durch den gegenwärtigen
Augenblick erlöst wird, sondern dass auch die noch
ungeborene Zukunft berührt wird. Im gegenwärtigen Augenblick können wir die Geheimnisse entschlüsseln, die in das Muster des Zauberteppichs
eingewebt sind. Doch was für eine Verantwortung
liegt darin! Heute morgen nahm ich nach dem
Zufallsprinzip ein kleines Buch in die Hand und las
die folgenden Worte von Dr. Herb Puryear: „Wenn
ein einziger Mensch etwas verändert, muss Gott das
Universum umprogrammieren ..." Durch dieses
Verständnis können wir erkennen, wie wichtig es
ist, in unserem Leben wirklich etwas zu verändern,
anstatt die alten, ausgeleierten Muster zu wiederholen, die aus dem Unterbewussten auftauchen. Es
sind Muster des Schmerzes, Folgen unseres Urteilens über andere Menschen und Situationen, die
wir in der Vergangenheit nicht verstehen konnten,
Muster, die darauf beruhen, dass wir vielleicht von
unseren Eltern falsch erzogen wurden, dass wir ver-
stört und vergiftet sind von ihren Erwartungen an
uns und ihren eigenen unerfüllten Wünschen,
Muster, die auf Kindsmisshandlung zurückgehen,
auf Grausamkeit, Lügen und Übertreibungen, wel-

che die Sonne unseres Lebens verdunkelt haben. Wir suchen nach wirklicher, nicht nach scheinbarer Veränderung, wie ich in meinen Gesprächen mit euch, individuell und in der Gruppe und auch schon in meinen Büchern und Texten angesprochen habe.

Wenn das Dharma zu zerfallen beginnt, d.h., wenn die göttlichen Gesetze vergessen werden, kommt es zu einem unvermeidlichen Rückfall in die Dekadenz und damit zum Ende einer historischen Epoche. Diejenigen Menschen, die etwas von der Wahrheit wissen, halten es für notwendig, diese Wahrheit auf unterschiedliche Weise zu verbergen, damit sie von den wahren Suchenden gefunden wird. Und sie werden sie finden, denn die Bestimmung tritt in jedermanns Leben ein, wenn er oder sie sich der Wahrheit *völlig* verpflichtet. Wenn uns die Äste des Baumes nicht mehr genügen, egal wie anziehend und wie schön sie auch sein mögen zusammen mit anderen Gewächsen und Blumen, die wir in der Welt der Erscheinungen um uns herum finden, und wenn wir uns ein für allemal der wirklichen Veränderung weihen, dann sind wir wahrhaft offen dafür, auf dem Geraden Weg geführt zu werden, dem Weg der Liebe, des Mitgefühls und des Dienens.

„Wenn du betest, bete mit den Händen," wird uns gesagt. Das heißt, wir sind aufgefordert, mit *beiden* Händen zu beten und nicht die eine an den besonderen Geheimnissen festhalten zu lassen, die wir so lange gehütet haben und nicht hergeben möchten. Wenn wir beten, bittet uns Gott um Hingabe, buchstäblich *alles* Vergangene hinzugeben, so dass Er frei ist, den Inneren Führer zu wecken und das Innere Licht, das nicht mehr von der Vergangenheit verdüstert wird oder nach der Angst riecht, die durch das Festhalten erzeugt wird. Es gibt zwei Tore. Wir können eines von beiden wählen. Das eine führt uns zurück zu den sich wiederholenden Mustern der Vergangenheit, so süß sie einem auch anfangs vorkommen mögen, und das andere führt in das große Unbekannte. Damit müssen wir uns auseinandersetzen, wenn wir den süßen Geschmack der Freiheit kosten wollen. Wir müssen das Tor zum Unbekannten öffnen und mit jedem Moment unseres Lebens lernen, mehr zu vertrauen. Wir brauchen diesen lebendigen Glauben, um unseren Weg zu gehen, für die Reise auf dem Weg der Wahrheit.

Um dieses Tor zur Freiheit zu wählen, brauchen wir viel Mut, und wir brauchen Hilfe und Führung auf dem ganzen Weg. Darum sprechen wir davon, dass wir einen lebenden Lehrer haben, der uns hilft, uns nicht kontrolliert, sondern das Wissen weckt, das in uns schlummert, so dass wir schließlich unsere eigene Entscheidung treffen können, im festen Vertrauen auf unsere Einzigartigkeit. Wir können mit allem Wissen und aller Wahrheit sagen: „ICH BIN," denn das kleine „ich bin" und das größere „ICH BIN" sind endlich zur Einheit verschmolzen. Wir sehen und verstehen, dass wir in der Tat Gottes Vertreter auf Erden sind. Wir sind das manifestierte Bewusstsein Gottes.

Kommen wir noch einmal auf den Zauberteppich zurück, nach dem wir vielleicht suchen. Wie können wir wissen, ob ein Zauberteppich echt ist oder ob er aus synthetischen Fasern und mit Chemiefarben hergestellt wurde? Bei den unzähligen Workshops und Seminaren, die uns angeboten werden – sie sind meistens darauf ausgerichtet, unsere Selbstgerechtigkeit zu befriedigen und uns in dieser Welt der Erscheinungen besonders angenehme Erfahrungen zu verschaffen – ist es nicht einfach zu wissen, wohin wir uns wenden sollen. Energie ist neutral. Gott erschafft jedoch beide Ausschläge des Pendels, und so ist für manchen schlecht, was wir für gut halten, und gut, was uns böse erscheint. Um *unseren* Zauberteppich zu finden, müssen wir in der neutralen Position sein. Wenn der Verstand hin und her schwankt, von Gedanken beherrscht, wie das Meer vom Wind und den Gezeiten, haben wir keine Möglichkeit zu wissen, welches Tor wir wählen sollen. Wir müssen den Verstand still werden lassen, im Frieden mit uns selbst und der Welt um uns sein, und dann können wir, fast wie in einer Fata Morgana, die beiden Tore sehen. Das eine wird hell leuchten, und wir werden wissen, dies ist das Tor zum Unbekannten; dieses sollten wir wählen. Auf der anderen Seite des Tores ist das Licht der Reinen Führung und wartet darauf, uns ein Zeichen zu geben. Doch erst müssen wir zu dem Tor hingehen, und es ist an jedem von uns, dieses Tor mit seinen eigenen bloßen Händen zu öffnen, und zwar mit beiden, bevor wir die einzige „wahre" Reise unseres Lebens antreten können.

Während der letzten neun Monate sind diejenigen von euch, welche Klassen besucht und Übungen gemacht haben, offensichtlich sehr eingehend geprüft worden. Im Koran steht: „Wir werden sie prüfen, bis wir wissen." Sicher wird es Zeiten gegeben haben, in denen Verzweiflung eure Herzen erfüllte und viel Verwirrung in euren Köpfen und eurem Denken war. Einige haben vielleicht sogar den Kampf aufgegeben und sich gefragt, ob die letzten Jahre, die wir zusammen verbracht haben, eigentlich nur eine weitere Illusion waren, ein weiterer falscher Weg, um die Gewohnheitsmuster der Vergangenheit zu wiederholen. Ich bin sicher, diese Worte werden einige von euch mindestens zum Lächeln bringen! Und doch ist es sinnvoll, zurückzublicken und zu schauen, in welchem Maß Transformation bei denen, die weiterhin mitarbeiten, *stattgefunden hat.* Dies ist recht erstaunlich (und sehr überraschend!), wenn ihr es bedenkt. Vor wenigen Jahren hatten die meisten von euch noch nie etwas von Mevlana gehört, geschweige denn von der Schönheit des Drehens und des Sema. Ich bin sicher, viele von euch hatten falsche Zauberteppiche ausprobiert, die „flop!" machten, als ihr dachtet, sie würden euch zum Himmel tragen... Aber vielleicht gibt es einen echten Zauberteppich. Habt ihr schon einmal darüber nachgedacht?

Lasst uns also nun das Rätsel betrachten, d.h. was das für Muster sind, die in die Vergangenheit eingewebt sind. Wie können wir sie verstehen und so fähig werden, dieses Wissen an künftige Generationen weiterzugeben? Das Erste, was wir anschauen müssen, um die Mysterien zu enthüllen, sind wir selbst. „Erkenne dich selbst," heißt es. Wir können uns nicht ignorieren, denn Gott erschuf uns nach „Seinem Bilde", wie es in der Bibel steht. Es wurde nicht gesagt, wir seien nur „zum Teil" nach Seinem Bilde erschaffen. Wir *sind* das Bild Gottes. Doch wenn wir die trüben Wasser unserer Vergangenheit betrachten und alle schlechten Dinge, die wir vielleicht getan haben, ist es kein Wunder, dass wir die Bedeutung des Willens in Frage stellen und ob, zum Beispiel, wirklich alles der Wille Gottes sei. Es ist gut, das Wesen des Willens in Frage zu stellen. Ist unser Wille Gottes Wille? Wie kann es Sein Wille sein, wenn wir eine Hand hinter dem Rücken halten? Nein, meine Freunde, nicht alles ist Gottes Wille, doch es *kann* Gottes Wille sein, wenn wir Ihm die Vergangenheit hingegeben und sie Ihm auf dem Opferteller dargeboten haben, Ihm, der unser Schöpfer ist, unser Erhalter, der Gnädigste, Erbarmendste und Vergebende.

Ja – Er ist der Vergebende, doch das Paradox ist, *dass wir zuerst lernen müssen, wie wir uns selbst vergeben können, so dass der Klang seiner Vergebung ein für allemal in unser Leben eintreten kann.* Als Jesus am Kreuz sagte: „Vater, vergib ihnen, denn sie wissen nicht, was sie tun," dachten wir vermutlich nur an Pontius Pilatus und die römischen Soldaten. Könnte darin jedoch eine andere, verborgene Bedeutung liegen? Auf wen könnte sich dieses „sie" beziehen, wenn in der Wirklichkeit alles in uns ist?

Was ist das „sie“ in uns selbst? Hört dieser Idee genau zu, denn sie ist seit fast zweitausend Jahren in diesen Zauberteppich eingewoben.

Wenn dies verstanden werden kann, dann ist es nicht so schwierig zu lernen, wie wir uns selbst vergeben können. Wie auch immer, es ist noch ein anderes besonderes Muster in diesen Teppich eingewebt, und das ist das Wort „Reue“; *At-Tawwab* ist einer Seiner Heiligsten Namen. Ohne Reue über unsere Sünden (Wir definieren „Sünde“ als *Mangel*, einen Mangel an Wissen, denn wenn wir wirklich *wüssten*, was zu tun ist, dann hätten wir in der Vergangenheit viele Dinge nicht getan!) geben wir Ihm keinen Raum, um Seinen Heiligsten Namen *Al-Ghafur*, der All-Vergebende, zu manifestieren. Wir geben Gott unsere Zeit und schaffen Raum für Ihn.

In einer christlichen Erziehung und Tradition ist das Wort „Reue“, zumindest im Englischen, kein sehr gebräuchliches Wort, und wenn man es gebraucht, kann es alle möglichen Schuldgefühle oder sogar Ärger hervorrufen. „Warum sollte ich bereuen? Ich wollte das nicht tun. Ich kann mich nicht einmal daran erinnern getan zu haben, was ich deiner Ansicht nach getan haben soll…“ usw. Aus diesem Grunde habe ich im ersten Text die Idee des Zwanges zur Sprache gebracht und gezeigt, wie ein solcher Zwang, der für jeden von uns einzigartig ist (selbst wenn die Worte der zwanghaften Haltung für mehr als eine Person gelten), uns immer wieder veranlasst, in der Vergangenheit zu bleiben und andauernd das falsche Tor zu öffnen, das Tor zu vergangenen Verhaltensmustern, und nicht das Tor ins Unbekannte, das Tor zur Freiheit.

In Bezug auf das, was ich „spirituelle Psychologie" nenne, gibt es viele Arten, dieses Thema zu betrachten und mit diesem sehr wesentlichen Teil unseres Lebens umzugehen. Ich persönlich finde, die einfachste und beste Art, auf den Weg zum erwähnten neuen Tor zu gelangen, ist die Anfertigung einer Liste *in vollständiger Aufrichtigkeit* mit allen Fehlern, die wir in unserem Leben begangen haben, mit den Menschen, die wir wissentlich oder unwissentlich verletzt haben und an die wir uns noch erinnern. Wenn wir diese (wahrscheinlich recht lange) Liste gemacht haben, fangen wir wieder von vorne an und schauen, ob es da noch andere Dinge gibt, die wir in jener Hand auf dem Rücken festhalten, oder andere Erinnerungen, bei denen uns vielleicht der Mut fehlt, ihnen ins Gesicht zu sehen. Wir brauchen nämlich Mut, um dieses Tor zu erreichen. Wir machen ein liebevolles und ehrliches Verzeichnis von möglichst vielen Dingen, die wir in unserem Unterbewussten finden können, und wenn uns dann in Träumen oder nach einer Meditation oder wann auch immer andere Erinnerungen zu Bewusstsein kommen, fügen wir sie der Liste hinzu, bis wir das Gefühl haben, von der Vergangenheit so frei wie möglich zu sein. Als Nächstes vergeben wir uns bewusst, um Raum für Gottes Vergebung zu schaffen, die dann unsere Herzen mit Seinem Licht erfüllen kann, dem Licht des Reinen Verstehens. Wir vergeben uns selbst *für*

Ihn, damit Er uns *geben* kann: Ver-Gebung (engl. *for-giveness*).

Wir müssen uns auch daran erinnern, dass dies niemand für uns tun kann. Wir mögen zu diesem Zauberteppich geführt werden, wir mögen Schlüssel und liebevolle Aufmerksamkeit bekommen, damit wir uns weiterhin bemühen, weiter Beharrlichkeit aufbringen, doch letzten Endes liegt es an uns. Jedes Seminar, jeder Workshop in dem spirituellen Supermarkt, in dem Sofort-Erleuchtung ohne irgendeine Anstrengung unsererseits angeboten wird, stellt nur einen falschen Teppich dar. Er mag auf den ersten Blick schön aussehen, doch bei der Erprobung wird er knittern und mit der Zeit zu Staub zerfallen.

Es ist ganz offensichtlich, dass mit all den Ideen, die ich in den Teppich hineingewoben habe, den viele von euch in Europa während der letzten Jahre gewählt haben, und den Ideen aus all meinen Büchern, Kassetten, Texten und Seminaren intensiv gearbeitet werden muss, um die Welt der Erscheinungen zu durchschauen und um so zu versuchen, den eigenen echten Zauberteppich zu finden. Wenn ihr zurückblickt, werdet ihr sicher viele Ideen entdecken, doch ich befürchte, dass noch sehr viele davon in der Welt der Ideen übriggeblieben sind. Mag sein, dass wir sie im Teppich, auf dem wir sitzen, reflektiert sehen, doch solange die Ideen nicht aus dem Gewebe herausgelöst, betrachtet und schließlich verstanden werden, bleiben sie lediglich für eine weitere Generation dort, und das ist gewiss.

Doch ihr selbst werdet die Früchte nicht ernten, dabei ist es euer Geburtsrecht. Wie ihr sät, so sollt ihr ernten, und die Ernte kann auf dem Weg zum zweiten Tor ausgebreitet werden, für euch selbst wie auch als Richtlinie für alle, die euch nachfolgen.

Im nächsten Text dieser Reihe werde ich auf das Wesen des Wortes „Opfer" eingehen, doch kommen wir jetzt noch einmal auf das Thema „Loyalität und Verpflichtung" und die Aussage „Er ist beides, der Name und der Genannte" zurück.

Und bitte, um irgendetwas zu verstehen, das in der Wahrheit gesprochen wird, müssen wir immer wieder daran erinnert werden, dass es *nichts* außerhalb von uns gibt, da Gott uns nach Seinem Bilde erschaffen hat. Vielleicht *sehen* wir scheinbar Dinge *da draußen*, aber sie sind Spiegelbilder dessen, was innen ist. Das ist wahr! Ihr alle habt das schon einmal gehört, aber es *ist* wahr. Das Tor zum Unbekannten muss aufgetan werden, damit wir die Wahrheit erkennen können. Und *euer* Zauberteppich erwartet euch.

Wie passt das Wort „Loyalität" in diesen Text? Loyalität ist ein sehr wichtiges Wort. Wenn wir mit uns selbst nicht ehrlich sind, können wir mit anderen nicht ehrlich sein. Wenn wir unserer Verpflichtung gegenüber nicht loyal sind, werden wir ein weiteres Mal das falsche Tor öffnen. So wie wir lernen müssen, uns selbst zu vergeben – und ich habe euch Hinweise gegeben, wie ihr an dieses Thema herangehen und sogar wie ihr es tun könnt! -, so müssen wir gegenüber der Wahrheit in uns selbst loyal sein. „Er ist beides, der Name und der Genannte," und *Al-Haqq*, „die Wahrheit" auf Arabisch, ist einer Seiner Namen. Daher ist die Wahrheit in uns sowie alle seine Namen. Deshalb habe ich euch alle gebeten, wirklich auf die Knie zu fallen, wenn nötig, und die Bedeutung der Namen zu studieren, immer und immer wieder, bis ihr ein für allemal *wisst*, dass sie in jedem von uns sind. Es liegt an uns, sie mit dem Licht Gottes, das ebenfalls in uns ist, zu erwecken, sie lebendig zu machen und aus der Welt der Ideen in das Muster eines *echten* Zauberteppichs auf dem Planeten Erde zu bringen, damit die Welt sie sehen kann und auch unsere Kinder, unsere Kindeskinder und die kommenden Generationen sie sehen können. „An ihren Früchten werdet ihr sie erkennen." Wir müssen Seinen Namen gegenüber loyal sein, dann werden wir auch unseren Brüdern und Schwestern gegenüber loyal sein können, die ebenfalls nach Seinem Bilde erschaffen sind. Und so werden wir, wenn wir uns an einen Freund oder an unsere Frau oder an unseren Mann oder an unseren Geliebten wenden, Ihn in Seinem Ebenbild ansprechen. Wir befreien den Gott in jedem Menschen, dem wir begegnen. Wir sind die „Retter Gottes", wie der große griechische Dichter Kazantzakis einmal sagte. Doch es ist *unsere* Aufgabe, die innere Arbeit zu leisten. *Wir* müssen die nötigen Opfer bringen, um auf dem Geraden Weg geführt zu werden und auf den wunderschönen Pfad zu dem zweiten Tor zu gelangen.

Kommunikation und Opfer
auf dem Weg der Wahrheit

Das Thema, das im Verlauf dieser Woche immer ersichtlicher wurde und das wir alle gerade jetzt angehen müssen, ist das komplexe Thema der Kommunikation. Je mehr ich darüber meditierte und je mehr ich versuchte, die richtigen Worte zu finden, die sich leicht in die verschiedenen Sprachen übersetzen lassen würden, desto schwieriger wurde es. Kommunikation ist ein kompliziertes Thema und kann leicht in den Wiedervorlage-Ordner geraten, um erst dann angeschaut zu werden, wenn es scheinbar nichts Besseres zu tun gibt. Doch ohne wahre und reine Kommunikation kann in dem notwendigen Transformationsprozess – an dem wir alle um unserer selbst willen ebenso wie um des Planeten als Ganzes willen beteiligt sind – sehr wenig geschehen. Denn sind wir nicht schließlich die Hüter unseres Planeten im Bewusstsein dieser Tatsache?

Setzt euch in aller Aufrichtigkeit mit diesem Thema Kommunikation auseinander. Wie oft sind wir völlig blockiert mitzuteilen, was wir im Herzen spüren, sei es durch unsere Hemmungen, durch Ängste aller Art oder durch die besagte Situation, die sich in der Person manifestiert, mit der wir zu kommunizieren versuchen. Und nun vertieft die Arbeit an euch noch etwas mehr. Fragt euch, wie oft ihr den Kampf einfach aufgegeben und das, was ihr einander in Form von Kommunikation geben wolltet, sozusagen „in der Luft" hängen gelassen habt. Ihr werdet feststellen, dass es beinahe unmöglich ist, sich daran zu erinnern, wie oft das jeden Tag geschieht. Meistens merken wir es nicht einmal. Wir haben das unbestimmte Gefühl, einem Freund oder Bekannten etwas mitgeteilt zu haben, aber es gibt keine Gegenseitigkeit und somit auch keine Gewissheit, ob überhaupt irgend etwas wirklich vermittelt worden ist. Wir können sogar annehmen, dass das, was wir den anderen mitteilen wollten, aufgenommen wurde, während sie in Wirklichkeit eine völlig andere Nachricht gehört haben als die von uns beabsichtigte. Und dann wird die Botschaft weitergereicht und ein drittes Mal weitergegeben. Über kurz oder lang ist die ursprüngliche Absicht geschwächt, die Energie ist verloren gegangen und die Gelegenheit für immer verpasst. Das ist eine traurige Erkenntnis, doch es ist eine, der wir uns unbedingt stellen müssen.

Wenn sich diese Schule auch mit einigen Themen befasst, die im öffentlichen Erziehungswesen normalerweise nicht gelehrt werden, so ist sie dennoch eine Schule. Als solche verlangt sie nicht nur ein ebenso großes Maß an Disziplin wie jede andere Schule oder Universität, sondern fordert zudem eine besonders verfeinerte Art der Verpflichtung, und deshalb müssen die notwendigen Opfer gebracht werden. Dann können wir die Kunst der Kommunikation, der Diskussion und des Studiums weiterentwickeln, um die Geheimnisse, die in uns liegen und nur darauf warten, entdeckt und ans Licht gebracht zu werden, zu entschlüsseln und sie zu einem guten Zweck einzusetzen.

Kommunikation *ist* eine Kunst. Wir wollen das ganz klar festhalten. In den frühen Stadien unseres Lebens beruhte Kommunikation lediglich auf dem Instinkt. Das Baby weiß instinktiv, wann es Hunger hat und woher das Essen kommen wird. Es besteht eine völlige Abhängigkeit von den Eltern, und allein das ist eine subtile und tatsächlich sehr reine Form der Kommunikation. Später, wenn wir älter werden, kann diese instinktive Gabe leicht überdeckt und vergessen werden, und so hören wir auf zu erkennen, dass wir uns in *völliger* Abhängigkeit von Gott befinden, welcher der Alleinige Versorger ist... Wenn wir das vergessen, dann wird auch die Kommunikation vergessen. Damit meine ich, dass uns durch das Verständnis unserer völligen Abhängigkeit von Gott das, was *notwendig* ist, aus den höheren Welten mitgeteilt werden kann. Und das kann in uns verarbeitet und destilliert werden, damit wir fähig sind, die Ebene derer zu suchen, mit denen wir sprechen (um sie nicht zu demütigen oder zu betrüben), und ihnen zu geben, was sie hören müssen, so dass der Schöpfungsprozess weitergehen kann und wir zu besseren Hütern unseres Planeten werden.

Da Kommunikation eine Notwendigkeit und eine Kunst ist, wenn sie auf einer höheren Ebene stattfindet und nicht nur aus der bloßen Wiederholung von Gesagtem besteht, ist es in diesem Stadium unserer gemeinsamen Arbeit sehr wichtig, demütig unser eigenes Fassungsvermögen (d.h. unseren eigenen Grad der *Leere*) zu überprüfen in der Erkenntnis, dass zu diesem Zeitpunkt der Geschichte viele Dinge kommuniziert werden müssen. Es ist notwendig, dass wir wirklich und wahrhaftig entleert sind von den Hemmungen in unserem tiefen Unterbewusstsein, so dass es auch zu einer Kommunikation zwischen den verschiedenen „Welten" kommt, die es in jedem von uns gibt. Das Mineralreich kann auf seine Weise kommunizieren, und das gleiche gilt für das Pflanzenreich und das Tierreich. *Und sie sind alle in uns!* Sie sehnen sich danach, uns etwas zu sagen, manchmal ganz einfache, aber notwendige Dinge. Wir haben vielleicht die Kunst verlernt, mit ihnen zu kommunizieren, mag sein, dass wir gar keinen Wert darauf legen. Wir haben möglicherweise alles oder einen Teil davon verloren, was ich „primäre Unschuld" nenne, und doch ist die Essenz unseres Wesens aus Einfachheit und Aufrichtigkeit gemacht. Man sagt hier: „Wahrheit ist meine Identität."

Kommunikation setzt voraus, dass es einen Sender und einen Empfänger gibt. So offensichtlich dies sein mag, es lohnt sich, es auf allen Ebenen zu betrachten. Ich erinnere mich daran, wie vor vielen, vielen Jahren die Schule, an der ich gerade studierte, an den Punkt gekommen waren, wo die Lehrer das Gefühl hatten, dass es an der Zeit sei, zu den Anfängen zurückzukehren. Man sagte uns, wir sollten in der nächsten Woche gut vorbereitet kommen, d.h. gewaschen sein und eine gewisse Zeit alleine mit dem Atmen verbracht haben, bevor wir den Raum betreten würden. Es wurde angedeutet, dass eine besondere Art der Einweihung in ein Wissen stattfinden solle. Natürlich konnten wir die nächste Woche kaum erwarten und fragten uns, was das große Geheimnis sei und wohin es uns bringen würde! In der nächsten Woche gingen wir alle richtig vorbereitet zum Treffpunkt. Auf jedem zweiten Stuhl lag ein Apfel und auf jedem einzelnen Stuhl ein sauberes Tuch. Es war, gelinde gesagt, alles ein bisschen überraschend. Da wir nicht wussten, was wir tun sollten, blieben wir alle neben den Stühlen stehen. „Nun," sagte die Lehrerin, „nehmt eure Äpfel und die sauberen Tücher. Setzt euch, und wir werden beginnen. Wir wollen lernen, wie man kommuniziert... Die Übung heißt ‚Geben und Nehmen'."

Ich glaube, ihr könnt mittlerweile erraten, worin diese Übung bestand. Eine Person hatte einen Apfel und beide hatten ein sauberes Tuch für die Hände oder das Gesicht. Wir wendeten uns paarweise einander zu. Die Person mit dem Apfel bot ihn so bewusst wie möglich der anderen an, die ihn annehmen sollte. Dann gab ihn die zweite Person wieder der ersten zurück. Geben und Nehmen. Wie leicht das aussah!

Nach der anfänglichen britischen Verlegenheit stürzten wir uns alle in die Übung, und bald wurde viel gekichert und die Äpfel wanderten voller Heiterkeit von Hand zu Hand. Die Lehrerin saß ruhig in gerader Haltung auf ihrem Stuhl und sah zu. Das ging eine Weile so, bis auf einmal ein lauter Schrei ertönte: „Stop!" Hände waren ausgestreckt, überall rollten Äpfel auf dem Boden herum. Einige Leute versuchten, sie aufzufangen, andere sahen völlig schockiert und wie betäubt aus. „Seht ihr nun," sagte die Lehrerin, „dass ihr nicht einmal einen Apfel geben und nehmen könnt? Wie um alles in der Welt könnt ihr auch nur in Betracht ziehen, dass ihr irgend etwas kommunizieren könntet, geschweige denn eine sehr wichtige Botschaft, die uns von einer der ungeformten Welten gegeben werden kann, die darauf warten, sich hier unten auf diesem Planeten zu manifestieren?"

Wir schämten uns sehr, aber der Schock machte uns darauf aufmerksam, dass wir die nötigen Gefühle vergessen hatten, die man im Gleichgewicht mit dem intellektuellen Verständnis vom Wesen der Botschaft in eine Mitteilung hineingeben muss. Nur ein Teil von uns bot den Apfel an, und wahrscheinlich empfing ihn ein noch kleinerer Teil. Wir begannen von vorne, und am Ende des Abends herrschte ein solcher Geist der Zusammenarbeit, dass in der gesamten Gruppe ein völlig neues Leben begann. Zum Schluss wurden Messer gebracht, und wir teilten uns die Äpfel in dem Kreis. Nie haben Äpfel besser geschmeckt, selbst wenn sie zur Erntezeit frisch von einem Baum gepflückt worden waren!

Wenn wir auf die vergangenen Jahre zurückschauen, werden wir sehen, dass der anfängliche Enthusiasmus uns nur für eine bestimmte Strecke auf der Reise weiterbrachte. Er behielt lange Zeit seine Kraft für uns, doch dann schlichen sich Zweifel ein, was unvermeidlich ist, und so begann das Vertrauen seine Stärke und Unversehrtheit zu verlieren. Mit dem Mangel an Vertrauen und den vielen Veränderungen, die vor allem im letzten Jahr stattgefunden haben, verschlechterte sich die Kommunikation immer mehr. Es gab Zeiten, wo es eine schier unüberwindliche Aufgabe zu sein schien, bestimmte Dinge weiterzugeben. Form schlich sich ein, und immer mehr Meinungen verwässerten die Essenz der Lehre, bis das unvermeidliche Chaos unter uns ausbrach. Erst seit kurzer Zeit hat, soweit ich es aus der Entfernung sehen kann, eine neue Zielstrebigkeit in der Gruppe Fuß zu fassen begonnen. Aus diesem Grunde bitte ich euch alle, völlig ehrlich mit euch selbst zu sein und alle Anstrengungen zu unternehmen, in den nächsten Wochen und Monaten an dem Thema Kommunikation zu arbeiten. Es war und ist eine Zeit der Prüfung, und es wird interessant sein zu sehen, wie viele Leute stillschweigend die Übungen fortgesetzt haben, die sie bekommen hatten, an den Gruppentreffen teilgenommen und ganz allgemein weiterhin den Boden für die nächste Stufe unserer Arbeit vorbereitet haben.

Ich sage nun nicht, dass ihr alle Äpfel kaufen und schauen sollt, ob ihr lernen könnt, auf allen

Ebenen zu geben und zu nehmen. Aber ich *werde* euch einige Schlüssel zum esoterischen Verständnis geben, das aus einer solchen Übung erwachsen kann. Zunächst einmal müssen wir uns das Wort „Opfer" ansehen. Was muss zum Opfer gebracht werden? Was ist der Sinn des Opfers? Wie viele Ebenen können wir berühren, auch wenn wir ein ganz bescheidenes und einfaches Opfer bringen? Diese Fragen haben eine gewaltige Tiefe, wenn ihr sie nur eingehend genug betrachtet.

Ich erinnere mich daran, wie der Scheik in der Türkei mir sagte, ich müsse ein Lamm opfern, als meine frühere Frau einen schrecklichen Autounfall hatte und ihre Milz entfernen lassen musste, während sie noch mit meinem jüngsten Sohn schwanger war (der überlebte und an meinem Geburtstag auf die Minute genau zu meiner Geburtszeit auf die Welt kam!)... Nun, das überstieg wirklich meine wildesten Vorstellungen. Ich machte Einwände über Einwände und erklärte ihm, dass in England nur ganz bestimmte Personen ein Lamm töten dürften usw. Er wurde sehr aufgeregt und wies schließlich darauf hin, dass ich, wenn Abraham seinen Sohn zum Opfer bringen konnte, doch wohl ein Lamm opfern und das Fleisch den Armen geben könne. Immerhin war meine Frau genesen... Versteht ihr, was geopfert wurde, war nicht nur der *Körper* des Lamms. Das, was vor dem Opfer *in* den Körper des Lamms einging, war das, was an jenem Tag im Morgengrauen in Konya frei wurde, und darin lag der Zweck des Rituals. Denkt darüber nach. Das Lamm war an einen Baum gebunden, während alle Gebete gesprochen wurden, und als man es an dem Strick um seinen Hals zum Schlachten führte, war es ganz ruhig. Der Frieden ringsum war so vollkommen, dass wir alle in eine völlig reine Welt versetzt waren – eine Welt des Opfers, aus der die neuen Generationen hervorgehen können.

Was wir opfern müssen, liegt in uns. Wir sind alle einzigartig verschiedene Menschen, und so liegt es an jedem Einzelnen, eine ehrliche Suche in seinem Inneren anzustellen und zu schauen, was geopfert werden muss, welche Gewohnheiten aufgegeben werden müssen (aber ohne Schuldgefühle oder religiöse oder fanatische Obertöne), damit wir „leerer" werden für das Empfangen des Heiligen Geistes. Ist das nicht der wahre Sinn des Kelches (*chalice*)? Echte Kommunikation zwischen zwei Menschen ist einfach nicht möglich, ohne dass von beiden Personen, oder von allen Mitgliedern einer Gruppe, falls die Situation das erfordert, auf irgendeine Art Opfer gebracht werden. Wir können nicht die verborgenen Geheimnisse unseres Unterbewusstseins auf unsere Freunde projizieren. Welch schlechte Manieren! Wir möchten unseren Brüdern und Schwestern geben, was sie in jedem Augenblick *brauchen*. Wir möchten ihnen geben in Reinheit, im Glauben und in völliger Aufrichtigkeit. Deswegen müssen wir tief in uns hineinschauen und sehen, was etwa unseren Ärger auslöst, unsere Ängste oder unsere Bitterkeit. Wir müssen an dem arbeiten, was uns neidisch, eifersüchtig oder negativ macht. Wir müssen die Einheit wirklich verstehen lernen, so dass wir uns nicht mehr *speziell* fühlen und damit dem Stolz oder dem Selbstmitleid in die Falle gehen. Wir wollen fähig sein, den Atem Seines Mitgefühls zu atmen, und zwar nicht gefärbt oder befleckt von unseren eigenen Gedanken und Meinungen oder denen anderer Menschen.

Der Weg der Wahrheit ist gepflastert mit der Substanz des Opfers all jener, die uns vorausgegangen sind und diesen Pfad beschritten haben. Jeder Schritt, den wir in Aufrichtigkeit tun, ist ein Schritt, der durch die Meister, die Heiligen und die Propheten aller Zeiten ermöglicht wurde. Wir müssen uns daran erinnern und in der Lage sein, in ihre Fußspuren zu treten, indem wir alle notwendigen Opfer bringen und das Beispiel an Mut, Ausdauer und Demut all derer mit uns tragen, die uns vorangegangen sind. Und dann werden wir fähig sein, die Botschaft der Allumfassenden Liebe wie den Stab beim Staffellauf an die Person weiterzugeben, die nach uns kommt, und diese Botschaft kommt dann ganz gewiss von dem Licht der Wahrheit, das darauf wartet, uns allen vermittelt zu werden.

Mögen wir alle auf dem Geraden Weg geführt werden.

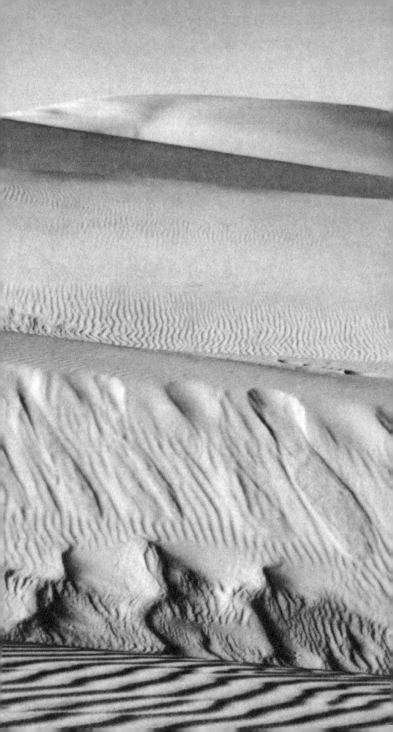

Reshad Feild

Der Sinn des Erinnerns

Aus dem Englischen
von Stefan Bommer und
Karin Monte

Vorwort

Des Erinnerns fähig zu sein, über die Welt der Dualität und des Leidens, über das harte Aufeinanderprallen der Gegensätze hinaus, die dieser Welt ihr Gesicht geben – vor diese Herausforderung sehen wir uns gestellt, wenn wir den Weg der Wahrheit gehen und also zu unserem Ursprung zurückkehren wollen. Doch ohne die brennende Frage nach der Natur des Lebens auf der Erde und nach dem wirklichen Zweck unseres Lebens bleiben wir bloße „Schlafwandler", die auf der Bühne des Lebenstheaters paradieren. Wir existieren dann mehr, als dass wir sind, und träumen eher, als dass wir imstande wären, wirklich zu handeln – dies aber ist nötig, wenn wir wirkliche Veränderung bewirken und nicht bloß dem Anschein von Veränderung ausgeliefert sein wollen.

Dieses kleine Buch ist eine Gabe für den wahren Suchenden, ein Ansporn, aufzuwachen und sich zu erinnern. Eine Reise von tausend Meilen beginnt mit einem Schritt. Also lasst uns diesen Schritt tun, um zur Erinnerung und dann zum Wissen um die Wahrheit unserer Existenz und den Zweck des Lebens auf der Erde zu gelangen.

Reshad Feild
Luzern, Schweiz, 23. April 1992

Höre und erinnere

As-Sami, der All-Hörende*

Immer wieder werden wir von all unseren Lehrern daran erinnert, dass in dieser Welt alles sein entsprechendes Gegenteil hat. Wo du Licht siehst, ist auch Dunkelheit. Wo es Großzügigkeit gibt, ist auch Gier. Wo es Stärke gibt, da ist auch Schwäche. Alles in dieser Welt hat sein Gegenteil. Es ist notwendig, dass das so ist. Und es ist ebenso notwendig, dass wir uns an diese Tatsache erinnern. Es nützt nichts, irgendein wunderbares Konzept von einem New Age zu haben, in dem alles mit Rosenduft parfümiert ist, ohne den Geruch des Kompostes einzubeziehen, der notwendig ist, um die Rosen zum Blühen zu bringen. Es nützt beispielsweise nichts, zu denken, dass eines Tages der Messias kommen und all unseren inneren Schmerz und Jammer von uns nehmen wird, so dass unsere Herzen nur noch Hallelujah singen werden. So geht es einfach nicht zu in unserer Welt.

Wenn ein spiritueller Lehrer in unser Leben tritt und wir dank seinem oder ihrem Einfluss und seiner oder ihrer größeren inneren Freiheit aus der Dumpfheit menschlicher Ignoranz emporgehoben werden, um die feinere, verfeinerte Energie zu erfahren, die uns zur Verfügung steht, heißt das *nicht,*

* Die arabischen Namen und ihre Bedeutung stammen aus dem Buch *The Most Beautiful Names* von Tosun Bayrak, Threshold Books, Putney (Vermont), 1985.

dass wir nicht nach einer gewissen Zeit wieder zurückfallen in den Zustand, in dem wir uns vorher
befanden. Das erleben wir ständig. Wir suchen hier
und da und erfahren bei unserer Suche vielleicht
tatsächlich ein Stück größerer Schönheit, und dann
kommt zum Beispiel das Jahresende – und wenn wir
uns Rechenschaft ablegen über alle Ereignisse des
vergangenen Jahres, sehen wir, dass wir noch immer
eine Menge unerlöster Gefühle haben, die wir ins
neue Jahr mitnehmen. Also strengen wir uns besonders an. Wenn wir klug sind, *erinnern* wir uns daran,
was wir hätten tun sollen in dem Jahr, das uns nun
verläßt, und wir beschließen, diese Dinge abzuschließen in dem Jahr, das gerade an unserem Hori-
zont auftaucht. Wir können es nicht am Kommen
hindern. Nichts ist dazu imstande. Unbarmherzig
kommt es in unser Alltagsbewusstsein, und sobald
die Glocken das alte Jahr ausgeläutet haben und wir
alle schreien, in die Hände klatschen und einander
umarmen, steht das neue Jahr schon auf unserer
Schwelle und wir sind in es hineingerissen, immer
noch Hand in Hand, und schlafen vielleicht schon
ein und vergessen unsere so sorgfältig gefassten
Vorsätze. Haben wir uns genau zur richtigen Zeit
erinnert? Oder haben wir unsere Neujahrsvorsätze
nur gemacht, um zu warten, bis wir uns schließlich
daran erinnern, dass wir sie schon vergessen haben?
Ist das nicht meistens die Geschichte unseres Lebens?

Das Erinnern *hat* also einen Sinn und Zweck,
und selbstverständlich gibt es viele Ebenen, die an-

zuschauen und zu beobachten sich als nützlich erweisen kann. Lasst uns zum Beispiel die Natur unseres täglichen Denkens betrachten. Descartes sagte: „Ich denke, also bin ich …,“ und in einem gewissen Sinne hatte er nicht unrecht. Worin bestünde denn unsere Lebensrealität, wenn sie nicht auf „Denken“ gründete, das sich seinerseits aus der Substanz von Gedächtnismustern heraus entwickelte? „Die Welt ist voll von unseren Gebeten, nun brauchen wir nur noch Liebe“ (*Ich ging den Weg des Derwisch*). Vielleicht verweisen diese „Gebete“ auf die ausgesprochenen und unausgesprochenen Kombinationen von Gedanken, übersetzt in Gebete für unsere Erlösung von Leiden und Unwissenheit. War nicht das die Mehrheit der Gebete seit Anbeginn der Zeit? Unterscheiden sich die heutigen Gebete davon in irgendeiner Weise, ob sie nun arabisch, deutsch oder englisch gesprochen werden oder aus welcher religiösen Tradition sie auch kommen mögen? Es sind meistens die gleichen alten Gebete, an die wir uns Tag für Tag, Monat für Monat, Jahr für Jahr erinnern. Die Welt *ist* voll von ihnen! Nun brauchen wir Liebe und vor allem anderen „das Erinnern daran, dass die göttliche Liebe Ursache und Wirkung zugleich ist.“ In unserem christlichen Erbe werden wir aufgefordert, unseren Schöpfer nicht zu vergessen, und in der gnostischen Tradition sind wir gebeten, noch einen Schritt weiter zu gehen und uns zu erinnern an den Grund für das Dasein des Schöpfers überhaupt und des Versorgers, des Sehenden und des Wissenden, das Eine Absolute Wesen.

Nun, beim wahren Erinnern beginnen wir zu erkennen, dass die Ursache tatsächlich die Auswirkung ihrer eigenen Wirkung ist, und wir können deshalb die Natur der Zeit zu verstehen beginnen; denn wir können zu einem tieferen Gefühl der Gewissheit gelangen angesichts dessen, was wir im flüchtigen Spiegel des Lebens sehen, während es an uns vorbeizieht. Beim Erinnern kommt es zu einem *Erkennen* dessen, was wirklich *ist,* statt dessen, was uns bloß erscheint, zuerst im Licht, dann in der Dunkelheit, manchmal in Freude und manchmal in Sorge. Qualität und Wesen unserer Gebete beginnen sich zu ändern, da wir den Zweck erkennen, der hinter der Bühne des Spiels wirkt, das wir Leben nennen. Wir beginnen um Verstehen zu beten statt um das Ende unseres eigenen Leidens, weil wir erkennen, dass der Großteil dessen, was wir Leiden nennen, verursacht wird von einem Mangel an Verstehen und Annehmen des wirklichen Grundes hinter dem Grund, den wir vorher für wahr hielten. Vielleicht entdecken wir sogar, dass – wenn wir uns daran erinnert hätten, dass Liebe die Ursache der Schöpfung ist, statt beständig zu versuchen, Leiden zu vermeiden – wir nicht mehr hinuntergezogen würden in die jämmerlichen Bereiche des Selbstmitleids. Dann könnten wir die Worte von Jesus verstehen: „Sie sagen, ich hätte gelitten, aber ich habe nicht gelitten."

Sieh und erinnere

Al-Basir, der All-Sehende

Im ersten Teil dieses Textes über das Erinnern versuchte ich zu erklären, dass im wahren Erinnern der Anfang vom Ende dessen steckt, was „Leiden" genannt wird. Das geschieht durch die Erkenntnis der Einen Ursache allen Lebens und der Notwendigkeit des scheinbaren Widerstreits der Gegensätze in unserer relativen Welt. „Es gibt keine Schöpfung in der relativen Welt; es gibt nur das Werden des Seins." Es gibt keine „Schöpfung" als solche, und doch können wir gerade durch den beschränkten Zustand, in dem wir normalerweise leben, die Manifestation der Ersten Ursache in der erschaffenen Welt sehen. Wir brauchen die Gegensätze, um in der Lage zu sein, die Einheit zu schätzen. Es ist nicht angebracht, so zu tun, als könnten wir die Einheit verstehen, die Einheit bezeugen und sogar behaupten, wir *wüssten* um die Einheit, ohne diese unsere Welt zu akzeptieren. Auch dies wird uns immer wieder gesagt – dass die Seele den Körper braucht und dass Gott den Menschen nach Seinem Bilde geschaffen hat. Man kann der Wahrheit nicht entfliehen!

An dieser Stelle möchte ich etwas über die Ernährung durch Eindrücke erklären; wie wir beobachten können, was gute Nahrung ist und was unserem Wohlergehen nicht nützt, und wie wir lernen können, diese Nahrung durch „Sehen und Erinnern" zu verdauen.

Die erste Lektion besteht sicherlich darin, uns zu erinnern, dass wir in dieser Welt ohne Eindrücke sterben würden. Wir können recht lange ohne Nahrung leben; wir können sogar ohne Wasser leben, aber wir können nicht ohne Eindrücke leben. Wenn uns unser Empfindungsvermögen genommen würde, würden wir sehr schnell in einen Zustand zurückfallen, der weder menschlich noch tierisch wäre. Wir würden nicht über die instinktiven Fähigkeiten der Tiere verfügen und wären deshalb unfähig, auf die Jagd zu gehen und Nahrung zu beschaffen oder unser Heim zu schützen. Wir würden keinen Drang oder Beweggrund haben, uns in dieser oder jener Form fortzupflanzen. Wir würden keinen Drang verspüren, nach dem Licht zu streben oder gar nach der Quelle *allen* Lichts, da das Licht in uns erloschen wäre. Wir hätten faktisch überhaupt kein Bewusstsein.

Nun, die meisten von uns nehmen gerade genug Eindrücke auf, um zu *existieren.* Damit hat sich's. Wir haben vielleicht auch ein sehr ausgeprägtes Ungleichgewicht in der Mischung der Nahrungsenergien, die wir aufnehmen – aus dem Wasser, das wir brauchen und das so oft verunreinigt ist, und der Nahrung, die wir essen und für die das gleiche gelten mag. Sogar die Eindrücke mögen oft weder genügen noch richtig „gefiltert" sein, um für uns vollkommen nützlich zu sein. Wir sind deshalb nur zum Teil bewusst und haben wohl auch nicht annähernd unser Potential erreicht, Gottes bewusst zu sein, d.h. Gottes in Seiner Schöpfung und der Schöpfung in Gott *zugleich* bewusst zu sein. Wenn wir uns daran erinnern, dann werden wir höchstwahrscheinlich einen positiven Schritt in die richtige Richtung tun, damit wir selbst Nutzen daraus ziehen und es schließlich der ganzen Gemeinschaft zugute kommt. Und hier wird uns dann oft die Möglichkeit geboten, uns einer esoterischen Schule anzuschließen, deren erste Lektionen sehr viel mit dem Prozess des Erinnerns zu tun haben. Ich persönlich mag den oft gebrauchten Ausdruck „Selbsterinnerung" nicht, da er besagt, dass wir bereits wissen, wer wir sind, und daher etwas Wirkliches haben, woran wir uns erinnern können. Ich würde die Leute eher dazu ermutigen, bescheiden und aufrichtig genug zu sein, die Tatsache zu akzeptieren, dass es ein langer Weg ist, bis der Sinn des wahren Erinnerns erkannt ist.

Wir wollen uns jetzt anschauen, was wahres Erinnern sein könnte und welchen Zweck es hat. Wir haben gesagt, dass es in der relativen Welt keine Schöpfung gibt, und doch wollen wir alle auf der Seelenebene zu dem Einen Wahren Ursprung zurückkehren. Deshalb können wir vielleicht sehen, dass unsere Lebensreise uns allein aus dem Grund gegeben wurde, dass wir uns unseres Ursprungs erinnern und damit des Einen Ursprungs von Allem. Es ist ein seltsames Paradox. Hier sind wir; wir leben in dieser schönen Welt, wir wissen, dass es in so vieler Hinsicht eine Welt des Leidens ist, wir sehnen uns danach, diesem Leiden zu entfliehen und die Ewige Wahrheit zu finden, und doch wissen wir, tief in unserem Innern, dass wir eben *durch* dieses Leiden zurückkehren können, wenn wir den Weg der Wahrheit beschreiten.

Wahres Erinnern bedeutet, zu hören, zu sehen und sogar zu wissen, was in jedem Moment der Zeit enthalten ist, und sich doch nicht damit auf irgendeine Art zu identifizieren. Jedesmal, wenn wir urteilen, identifizieren wir uns, und dann können wir den Zweck dessen, was uns als Wegweiser auf diesem Weg der Rückkehr gegeben wurde, weder hören noch sehen. Wir müssen den sogenannten „Beobachter", der hören und sehen kann, einbauen und die Eindrücke verdauen, ohne uns zu identifizieren. Der Beobachter kann aussortieren, was in jedem gegebenen Moment nützlich ist und was nicht. Er kann sehen und bemerken und dankbar sein. Der Beobachter urteilt nicht, da er im Urteilen zu existieren aufhört. Und er will existieren. Zumindest unbewußt kennt er seinen wahren Zweck und weiß, dass er im Gesamtbild des Lebens notwendig ist. Der Beobachter zeigt uns die Biegungen und Kurven der Straße. Der entwickelte Beobachter verfügt über die äußerst wertvolle Qualität der Unterscheidung. Jeder hat einen Beobachter, aber dieser verbirgt sich meistens an einem der Entstehungsorte von negativen Gefühlen und Selbstmitleid. Er wartet darauf, gefunden und erlöst zu werden, damit er seinen Dienst hinter den Mauern von Groll, Neid und Stolz erfüllen kann. Wir sind zunächst aufgefordert, uns daran zu erinnern, dass er dort *ist* und darauf wartet, entdeckt zu werden, und ihn dann zu entwickeln.

Wenn der erste Schritt zur Entwicklung dieser Qualität des Beobachters in uns Nicht-Identifikation ist, dann ist der zweite Schritt die Entwicklung der sechs Sinne, die uns in dieser Welt gegeben wurden, d.h. Geschmack, Berührung, Geruch, Hören, Sehen und der sechste Sinn, den wir Intellekt nennen. Diese Sinne werden uns in unseren Wachstumsstadien für das Alltagsleben normalerweise genug unterstützen, aber ohne dass sie entwickelt werden, ohne dass ihnen gesagt wird, was sie zu tun haben, und ohne dass sie für ihre Aufgabe trainiert werden, können und werden sie tatsächlich keine Hilfe sein auf unserer Reise nach Hause. Hier wird *Dhikr* so wichtig für uns, und deshalb wird gesagt: „Reise mit den Suchenden und sitze im Kreis des *Dhikr*…" *Dhikr* bedeutet wörtlich „Erinnern", und wie schön ist es, mit jenen, die den Zweck des Erinnerns kennen, zusammenzusein und mit ihnen zu reisen.

„*La*" bedeutet *nein*. Dieses Wort, und die Bedeutung hinter und in diesem Wort, ist an den niederen Teil unserer Natur gerichtet, der den Großteil unserer Lebensreise lenkt, bis wir aufwachen. Wir sagen kategorisch „Nein!" dazu, die Sinne mit der Nahrung des Vergleichs zu nähren, und „Ja!" dazu, ihnen die Nahrung der Einheit zu geben. Wir wollen ihnen nicht weiterhin Alternativen anbieten – wie wenn man einem kleinen Kind ein teures Menü serviert, wo es doch nichts anderes als Rührei will. Wir werden entdecken, was die Sinne brauchen, damit sie genug entwickelt werden, um uns zu dienen – und nicht umgekehrt. Wir werden dies entdecken, weil es in uns schon etwas gibt, das wirklich *weiß*, was notwendig ist. Wir erinnern uns daran, und das ist die Nahrung, mit der wir die Sinne trainieren.

Eine Zeitlang werden diese untrainierten Sinne reagieren. Sie mögen es nicht, wenn ihnen die Nahrung des Vergleichs entzogen wird. Im Grunde genommen *lieben* sie die Ergebnisse des Urteilens, weil wir damit „verschleiert" werden, wir schlafen und können uns deshalb nicht daran erinnern, welche Nahrung sie brauchen – nur daran, was sie wollen. Die Sinne werden dadurch trainiert, dass wir ständig im *Dhikr* leben, in der Erinnerung Gottes, in der Einheit Gottes, des Einen Absoluten Wesens.

Dann, nach einer angemessenen Zeit (und die Länge dieser Zeit ist für jeden Menschen verschieden), wird uns eine völlig neue Lebensweise eröffnet. Die Sinne reagieren nicht mehr. Wir „verschließen" uns Situationen nicht länger, denn wir beginnen, uns zu erinnern an die Ursache hinter der Ursache, die wir in der relativen Welt sehen. Statt auf das Streckbett der Zeit gespannt zu sein, haben wir die Zeit umarmt, weil wir das Leben umarmt haben. Wir halten das Leben in unseren Armen, anstatt hierhin und dorthin geworfen zu werden, von einem Zustand in den anderen, von Freude in

Sorge, von einem Grad des Leidens in den nächsten. Während der Beobachter beobachtet und wartet, beginnen wir, die richtige Nahrung von Eindrücken für unsere Reise aufzunehmen. Wir können diese Nahrung sogar im elektromagnetischen Feld des Gedächtnisses lagern, damit sie hervorgeholt werden kann, wenn das Bedürfnis danach entsteht. Wenn wir beobachten und uns gleichzeitig erinnern, sind wir wach für den gegenwärtigen Moment.

Sei wach und erinnere

Al-Latif, der Feine

In diesem Stadium ist es offensichtlich nötig, einen weiteren Blick auf die Entwicklung und Schulung der Sinne zu werfen, und dies erfordert eine sehr besondere Art der Arbeit. Es kann uns gegeben werden, aber ich sage immer wieder, dass wir die *wirkliche* Arbeit letzten Endes selber tun müssen. „Man kann ein Pferd zum Wasser bringen, aber man kann es nicht zum Trinken zwingen ..."

Eine esoterische Schule entsteht, wann und wo es für die gegenseitige Erhaltung des Planeten notwendig ist. Es hat keinen Sinn, eine Schule dieser Art an einem Ort oder in einem Land aufzubauen, wo kein Interesse an den Dingen besteht, die in der Schule gelehrt werden, oder wo ihr das Klima, sei es physisch, emotional oder gar politisch, nicht förderlich ist. Ich habe ständig betont, dass wahre Liebe keine Grenzen kennt, weder nationale noch andere; ebensowenig kennt der Atem des göttlichen Erbarmens Einschränkungen durch Raum und Zeit. Daher kann eine esoterische Schule, die richtig funktioniert, irgendwo auf dem Planeten existieren, und die Auswirkungen werden sich an einem anderen Ort in der Welt bemerkbar machen, zur Zeit des Bestehens der Schule oder zu einem späteren Zeitpunkt. Das Einzige, was zählt, ist, dass eine esoterische Schule am richtigen Ort *existiert,* so dass die nach der Wahrheit Suchenden sie finden können.

Es liegt auf der Hand, dass jede Schule sowohl Schüler wie Lehrer braucht, und doch gibt es bei einer solchen Schule einen feinen Unterschied; die gegenseitige Abhängigkeit wird in ihrer wahren Bedeutung verstanden statt in ihren emotionalen Obertönen. Dies läßt sich an Hand einer typischen Sufi-Geschichte zeigen. Gott wollte nicht, dass wir hungern, und so erschuf Er den Weizen, damit Brot daraus gemacht werde, und einen Bäcker, um es zu backen. Aber wenn wir nicht hungrig wären, wäre der Bäcker nicht notwendig ... Die Seele ist eine „wissende Substanz" (Ibn 'Arabi), und sie will wissen, dass sie weiß; deshalb ist sie gern mit anderen suchenden Seelen zusammen in der Erinnerung Gottes.

In jeder Schule müssen viele Opfer gebracht werden, damit sie all die Jahre besucht werden kann, bis ein Abschluss oder ein Diplom erreicht wird. Die Eltern des Kindes müssen viele Jahre lang hart arbeiten, um das Schulgeld für den Sohn oder die Tochter aufzubringen. Das Kind, das wahrscheinlich lieber zu Hause bleiben und spielen würde, muss dazu gebracht werden, einen Teil seiner Zeit zu opfern, so dass diese Zeit zum Lernen benutzt werden kann. Die Arbeitsweise einer esoterischen Schule unterscheidet sich darin nur wenig, bis auf die Tatsache, dass es am Ende weder einen Titel noch ein Diplom gibt und dass die Zeit, die sie in Anspruch nimmt, unsere eigene Lebenszeit ist. Unser Opfer besteht in all den Vorstellungen, die wir bis zum Zeitpunkt unseres Eintritts in die Schule über die Natur unserer wahren Identität hatten. Ja – es ist ein großes Opfer, und dass keine Belohnung angeboten wird, bedeutet, dass nur ein bestimmter Typ Mensch zu einer solchen Schule finden wird. Unsere tägliche Bezahlung besteht in Dankbarkeit und Erinnerung und unsere Nahrung ist das, was manchmal „das Licht der Reinen Intelligenz" genannt wird.

Um ein Tier zu dressieren, braucht es das Wissen der Person, die die Dressur vornehmen wird, eine klare Festlegung von Ziel und Zweck und die angemessene Disziplin. Mit zu viel Disziplin kann man den Geist des Tieres brechen, so dass es keine Lust zum Arbeiten mehr hat; bei zu wenig Disziplin wird das Tier mit dem Trainer spielen und um ihn herum. Jedes Tier ist anders, und deshalb können unterschiedliche Techniken erforderlich sein. Wenn man zum Beispiel einen Falken für die Jagd abrichten will, so gibt man ihm am Tag davor keine Nahrung, damit er an dem Tag, an dem er arbeiten soll, hungrig ist. Wenn man bestimmte Tiere auf größere ansetzt, dann muss man manchen einen Maulkorb anlegen, d.h. ihre Kiefer zusammenbinden, damit sie nicht beißen, was sie jagen sollen. Die Nahrung für das Tier muss von der richtigen Art sein, und zwischen Freundlichkeit und Bestimmtheit sollte ein Gleichgewicht herrschen. Am

Ende des Tages ist es immer gut, ihm für die Arbeit zu danken, die es für dich geleistet hat.

Wir können diese Beschreibung des Dressierens von Tieren oder Jagdvögeln dazu benutzen, zu erkennen, dass unsere Sinne in mancher Hinsicht wie die Tiere und Falken sind. Sie haben ihre eigene Welt, ihre eigenen Funktionen, und wenn sie nun auf eine höhere Stufe gebracht werden sollen, die ihr normales Verständnis übersteigt, können wir uns darauf verlassen, dass sie reagieren werden. Das ist ein neues Spiel für sie. Sie sind nicht sicher, ob sie es mögen, und ganz sicher wissen sie nicht, ob sie das Training fortsetzen wollen, wenn es einmal begonnen hat! Hier ist das notwendige Wissen so wichtig.

Natürlich ist die Nahrung für die Sinne höchst subtil. Es ist nicht gut, ihnen sehr schweres oder grobes Futter zu geben. Die Sinne müssen wissen, dass sie verfeinert werden können, und so müssen wir eine bestimmte Art verfeinerter und subtiler Energie als Nahrung in Betracht ziehen; deshalb sagen wir, dass wir die Sinne mit Licht ernähren. Schließlich haben sie so lange in der Finsternis gelebt. Sie haben ihren wahren Zweck noch nicht entdeckt, der schließlich darin gesehen wird, dem Menschen auf seinem Weg zur Vollendung zu dienen.

Die Übung des Fastens ist symbolisch und sogar buchstäblich mit der Erziehung der Sinne verbunden. Wir müssen sie unter unserer Kontrolle haben, und nicht umgekehrt. Sie müssen bereit und wach sein, um zu dienen, wann immer es nötig ist, und dies in einer Art, die nicht bloß instinktiv ist. Sie müssen wissen, dass sie durch das bewusste Atmen auf bestimmte Missionen gesandt werden können, über weite Entfernungen und ohne die zeitlichen Beschränkungen, die wir normalerweise erleben. Die Sinne müssen in der Lage sein, überall in der Welt unverzüglich in Erscheinung zu treten und sogar Gestalt anzunehmen, und müssen doch immer noch mit der kontrollierenden Person verbunden sein und unter ihrer Aufsicht bleiben.

Die Schritte, die während des Ausbildungsprozesses gemacht werden müssen, sind einfach, obwohl natürlich sehr viel Übung und Training dazu gehören. Zuerst einmal müssen wir die einzelnen Sinne bewusst und dankbar anerkennen, so wie sie sind, ihren Zweck und die Notwendigkeit ihrer Arbeit. Die Sinne reagieren auf gute Manieren; deshalb ist es nötig, mit jedem Sinn einzeln ebenso wie in ihrem Zusammenspiel eine subtile Kommunikationsform aufzubauen; dazu gehört auch der Intellekt. Der Intellekt muss mit Hilfe des sogenannten „selbständigen Studiums" ausgebildet werden. Mit diesem Thema wird sich der nächste Teil dieses Textes eingehender beschäftigen.

Während also die ersten Schritte mit Anerkennung (und deshalb letztlich mit gegenseitigem Einverständnis) zu tun haben, kommen wir zum nächsten Schritt, der in der Regelmäßigkeit des Übens besteht. Die Sinne müssen ständig an ihren

Zweck erinnert werden. Es ist ihnen nicht erlaubt, einzuschlafen (ausgenommen bewusstes Ruhen), und so *ist regelmäßiges Üben in jeder Hinsicht lebensnotwendig,* ob es bei den Übungen nun um Gebete, Atmen, bewusste Körperübungen geht. Die Liste ist sehr lang! Doch bald werden wir sehen, dass die Sinne antworten; nach dem Enthusiasmus der ersten Zeit, nach ständiger Arbeit und Erinnerung an ihren Zweck beginnen sie sogar, die Schulung und die Arbeit auf vielen Ebenen zu genießen. Die Anerkennung hat also eine Änderung der Haltung zur Folge; die Nicht-Identifikation wird leichter und interessanter zugleich, und wir fangen an, das Leben ganz anders zu sehen. Stück für Stück bringen wir alle unterschiedlichen Aspekte unseres Wesens dazu, zum Wohle des Ganzen zusammenzuarbeiten.

Begrüßt die Aufgabe, die Sinne zu erziehen, in diesem Stadium der Arbeit als eine willkommene Herausforderung. Lernt die Sinne kennen, und macht sie zu euren Freunden. Sie werden euch mehr und mehr dienen und zusätzliche Freude in euer Leben auf dem Weg bringen. Erfindet besondere Aufgaben, die sie ausführen sollen. Vielleicht entscheidet ihr euch, jeden Tag mit einem anderen Sinn zu arbeiten. Aber vergesst dabei die anderen Sinne nicht. Auch sie müssen bemerkt werden. Stellt euch zum Beispiel die Aufgabe, an einem Tag jedesmal wirklich wachsam zu sein, wenn ihr etwas berührt, und dann macht das Gleiche mit dem Riechen an einem anderen Tag, und so weiter.

Erinnert euch an den Atem! Auf diese Art und Weise werdet ihr fähig sein, gleichzeitig die Sinne zu erziehen und die Kunst der Nicht-Identifikation zu üben.

Wisse und erinnere

Al-Alim, der All-Wissende

Ich hoffe, dass ihr bis zu dem Zeitpunkt, da ihr zum Lesen dieses Artikels kommt, wenigstens angemessene Anregungen gefunden habt, die sich aus den ersten drei Texten ergeben haben. In gewisser Hinsicht ist nichts von dem, was ich gesagt habe, besonders neu für euch. Wer an meinen Seminaren und Vorträgen teilgenommen und meine Bücher, besonders *Schritte in die Freiheit*, gelesen hat, wird diese Ideen schon in den verschiedensten Versionen von mir gehört haben. Wenn es nicht nötig wäre, würden wir nicht ständig und immer wieder an die absolute Notwendigkeit erinnert werden, zum Wohle des Ganzen an sich selbst zu arbeiten, da alles schließlich zum Einen Wahren Ursprung zurückkehrt. Wie ich kürzlich gesagt habe: „Sogar der Teufel kehrt schließlich zurück, aber er kommt wahrscheinlich als letzter!"

In der Lebenden Schule bietet sich uns die Gelegenheit, das für die „Heimkehr" erforderliche Wissen zu empfangen und die Reisegefährten zu finden, die uns helfen werden und mit denen zu reisen uns bestimmt ist. Vielleicht *mögen* wir nicht alle unsere Mitreisenden, aber ganz sicher lieben wir sie, und die Kombination verschiedener Menschen und Situationen wird uns nicht zufällig gegeben. Ganz im Gegenteil! Dank der Umstände, die uns geboten wurden, haben wir eine wunderbare Gelegenheit, durch die Verblendung hindurch in die wirkliche Welt zu sehen. Wir sind aufgefordert, nicht zu vergessen, immer dankbar zu bleiben und zusammenzuarbeiten im Wissen, dass eine wahre Bruderschaft eine der wertvollsten Gaben ist, die uns in dieser Welt geschenkt werden können. Bei den Sufis heißt es, dass diese Welt der „Schatten Gottes" sei, und der Heilige Johannes vom Kreuz sagte, dass er im „Schutz der Finsternis" ins Licht flüchte. Oft beten die Menschen: „Führe uns aus der Finsternis ins Licht, aus der Angst zum Mut, von der Unwissenheit zum wahren Wissen."

Um die Sinne auf der richtigen Ebene schulen zu können, müssen wir uns selbst gegenüber und untereinander ganz aufrichtig sein. Das ist nicht so einfach, wie es sich anhört. Wir wissen das, weil, wie ich schon früher gesagt habe, es etwas in uns gibt, das *weiß*. Warum? Weil der Allwissende einer Seiner Namen ist und alle Seine Namen im Herzen Seines treuen Dieners liegen. Und Er hört es gern, wenn wir Seine Namen nennen! Mag es denn nicht jeder von uns, wenn sein Name in einer Menge laut gerufen wird?

Wenn wir ehrlich sind, ist es nicht schwierig festzustellen, dass wir alle auf die eine oder andere Art faul sind. In diesem Stadium ist es überaus nützlich, ehrlich tief in uns selbst hineinzuschauen und unseren eigenen Formen von Trägheit zu entdecken und sie so zu sehen, wie sie sind. Einige von uns sind körperlich träge, und dies ist für den Körper natürlich nicht gut. Der Körper braucht *jeden Tag* regelmäßig Bewegung. Auf dem Weg der Wahrheit soll die Übung auch *bewusst* sein – das heißt, so bewusst wie möglich durchgeführt werden, in der Erinnerung daran, dass sie notwendig ist. Es nützt wenig, den Körper zu üben, und dabei weiter zu schlafen! Daher wäre es für jedermann eine gute Entscheidung, *jeden Tag* einige bewusste Übungen zu machen. Erinnere dich daran. Geh hinaus und dehne deine Muskeln und hole tief Luft. Wenn deine Energie nur dafür reicht, die Straße auf und ab zu gehen, dann mache das mit so viel bewußter Anstrengung, wie du kannst. Weigere dich entschieden, dich von physischer Trägheit beherrschen zu lassen.

Natürlich ist die physische Trägheit nur eine aus einer langen Liste von vielen verschiedenen Typen der Faulheit. Mache dir deine eigene Liste und hefte sie an die Wand, wo du sie jeden Tag sehen kannst. Du kannst faul sein im Beten, dabei hört Gott doch deine Stimme gern. Du kannst faul sein in der Erinnerung an das bewusste Atmen, dabei ist doch Atem Leben. Du kannst faul sein in Bezug auf einen deiner Sinne. Dabei wird uns doch gesagt, dass es *lebensnotwendig* ist, die Sinne zu erziehen und „*La*" (nein) dazu zu sagen, sie mit der Nahrung des Vergleichs zu füttern. Denn dadurch würde das Ego, oder der niedere Teil der *Nafs,* fett und noch fauler werden. Deshalb erinnert euch, wenn ihr mit den Sinnen arbeitet, an eure Trägheit. Was für eine

andere Welt erleben wir, wenn wir bewusst schme-
cken, bewusst berühren, bewusst riechen, bewusst
atmen usw. Tatsächlich ist es eine Liste ohne Ende.
In einer gewissen esoterischen Schule sprechen sie
von verschiedene Formen von „falschem Glanz"
(*glamour*), die uns einschlafen und daher faul werden lassen. In jener Schule, meine ich, listen sie
neunundvierzig Arten solcher „Äußerlichkeiten" auf
– und das ist eine ganze Menge! Sie führen sogar
Ärger als Äußerlichkeit auf, da jedes negative Gefühl oder dessen Ergebnis für die niedere Natur eine
subtile Art ist, Aufmerksamkeit zu erregen und sich
solcherart mit der Nahrung zu versorgen, die sie zu
brauchen *glaubt*. Wir müssen ihr sagen, dass sie diese Nahrung nicht mehr kriegt. Wir können nun
sehen, wie wichtig diese Arbeit an uns selbst ist,
sowohl für uns als Individuen und unsere Familien
und Freunde wie auch für die Gesellschaft als
Ganzes. Es ist eine große Herausforderung und ein
Akt der Verantwortlichkeit, den wir bewusst und
aufrichtig vornehmen müssen, und wir dürfen keine
Angst haben, wenn uns unsere Freunde beim
Aufwachen helfen oder Umstände eintreten, durch
die wir gezwungen werden, unseren schlafwandleri-
schen Zustand zu verlassen und auf den Weg zurückzukehren, auf dem wir zu wahren menschlichen
Wesen werden.

Im letzten Text habe ich erwähnt, dass der Intellekt einer der Sinne ist und wie wichtig das
„unabhängige Studium" ist. Der Intellekt ist so
wenig ausgebildet wie die anderen Sinne. Er besitzt

gerade genug Energie vom Einen Ursprung aller
Energie, um zu funktionieren und uns mit genü-
gend Antrieb zu versehen, damit wir den Tag über-
stehen. Aber wir sind langweilige Leute, und das
Leben ist langweilig, wenn der Intellekt nicht richtig funktioniert. Daher muss der Intellekt auch ausgebildet werden. Er muss wie die anderen Sinne im
Gleichgewicht geschult werden. Wir können nicht
die ganze Zeit herumspazieren und „spirituell" sein,
ohne zu wissen, was in der Welt geschieht. In den
Zentren, mit denen ich zu tun hatte, habe ich darauf bestanden, dass die intelligentesten Tageszei-
tungen jeden Tag im Leseraum aufgelegt wurden
und dass die Schüler sie wirklich lasen! Selbstverständlich ist es notwendig zu sieben und auszusor-
tieren, was nützlich ist und was nicht; wir können
aber nicht erwarten, gut informiert zu sein, wenn
wir nicht auch die Schattenwelt betrachten, während wir uns dem Licht identifizieren. Wir betrachten sie, wir sehen und beobachten sie, wir erinnern
uns an sie. Aber wir werden uns nicht mit ihr identifizieren. Das ist die Kunst der Nicht-Identifikation. Lebe in dieser Welt, aber sei nicht von dieser
Welt. „Es gibt keine Schöpfung in der relativen
Welt; es gibt nur das Werden des Seins."

Dieser sechste Sinn, den wir Intellekt nennen,
braucht also seine spezifische Übung genauso wie
der Körper. Deshalb studieren wir. Wir versuchen
nicht nur, uns so gut wie möglich über die Vorgänge
in der äußeren Welt zu informieren, sondern wir
müssen auch studieren, um für die innere Welt auf-

zuwachen und gleichzeitig die latenten Möglichkeiten in uns zu entfalten, die aus einer noch ungeformten Welt kommen. Dies sind die Welten, die in einem Zustand des „Werdens aus dem Sein" existieren.

Zur Teilnahme in der Lebenden Schule reicht es einfach nicht, am Donnerstagabend zu erscheinen, die Nahrung aufzunehmen, die euch angeboten wird, gemeinsam *Dhikr* zu machen und dann nach Hause zu gehen und bis zur nächsten Woche einzuschlafen! Und doch geschieht das so oft. Die Teilnahme am Donnerstagabend ist eine Verpflichtung in der gegenseitigen Erhaltung des Planeten ebenso wie eine Nahrungsquelle, aber es ist auch eine Zeit, die uns mit Energie versorgt und daher den Anstoß gibt, weiterzugehen und sich dem unabhängigen Studium zu widmen. Deshalb seid ihr alle aufgefordert, jeden Tag ein kleines bisschen Zeit mit dem Lesen von Büchern zu verbringen, die wirklich nützen können. Lest diese heiligen Schriften; wir lesen zum Beispiel jeden Morgen im *Mathnawi* oder in anderen heiligen Büchern. Als Schüler lesen wir das Material und studieren, was uns gegeben wurde – jeden Tag ein bisschen. Wenn wir die Ibn 'Arabi-Klasse einmal die Woche besuchen, dann ist es auch wesentlich, dass wir immer wieder lesen, was wir studiert haben, bis wir uns wirklich daran erinnern können, um bei der Manifestation dessen zu helfen, was noch nicht manifestiert ist. Versteht ihr, was ich meine? Durch unabhängiges Studium kann das Ergebnis unserer inneren und äußeren Arbeit zum

richtigen Zeitpunkt wie eine Ernte sein, die einge-
bracht wird. Wie viele Gleichnisse in der Bibel illu-
strieren diesen Punkt? „Wie ihr sät, so werdet ihr
ernten." Wenn wir studieren, säen wir die Samen
der Möglichkeit. Wenn wir an unseren Trägheiten
arbeiten, so helfen wir dabei, die Sinne zu schulen,
deren Hilfe wir auf unserer Reise *brauchen*. Wenn
wir lernen, den Herrn, unseren Gott, zu lieben, dessen Namen reine Schönheit sind, so beginnen wir,
Seine Schönheit überall um uns zu sehen. „Er ist
wahrhaft schön und liebt das Schöne."

Lasst uns also alle Anstrengungen unternehmen,
um aufzuwachen und uns zu *erinnern,* dass das
Erinnern einen Zweck hat und dass dieser Zweck
schließlich die eigentliche Essenz und der eigentliche Treibstoff für die Reise ist. Er erinnert sich an
uns – die ganze Zeit; wir erinnern uns an Ihn – von
Zeit zu Zeit. Wenn wir uns immer an Ihn erinnern,
kann es sicher keine Trennung geben. Dann gibt es
nur Einheit, und das ist der Sinn und der Zweck,
weshalb diese Schule überhaupt in Erscheinung
tritt.

Um diese vier Texte abzuschließen, werde ich
einige Anmerkungen zur Sure XII, Vers 108–109, aus
meiner Version des Koran (in der englischen Über-
setzung von Abdullah Yusuf Ali) zitieren:

Der Islam hält an einer zentralen Tatsache in
der spirituellen Welt fest – an der Einheit
Gottes und daran, dass alle Realität Ihm und
nur Ihm entspringt. Niemand und nichts

kann mit dieser einen und einzigen Realität in Konkurrenz treten. Sie ist die Essenz der Wahrheit. Alle anderen Ideen oder Existenzen, unsere Wahrnehmung des Selbst eingeschlossen, sind relativ – bloße Projektionen der wunderbaren Fähigkeiten, die Er uns gegeben hat. Das ist für uns keine bloße Hypothese. Es ist unsere innerste Erfahrung. In der physischen Welt sagen sie, dass Sehen Glauben sei. In unserer inneren Welt ist dieses Empfinden von Gott so klar wie das Sehen in der physischen Welt. Deshalb sind wir aufgerufen, diese Wahrheit zu sehen und uns daran zu erinnern, diese Erfahrung zu fühlen und diesem Weg zu folgen. Wir werden nie von metaphysischen Spekulationen abgelenkt werden, deren Gültigkeit immer zweifelhaft ist, noch werden wir getäuscht von den Erscheinungen, die Menschen in die Irre führen ...

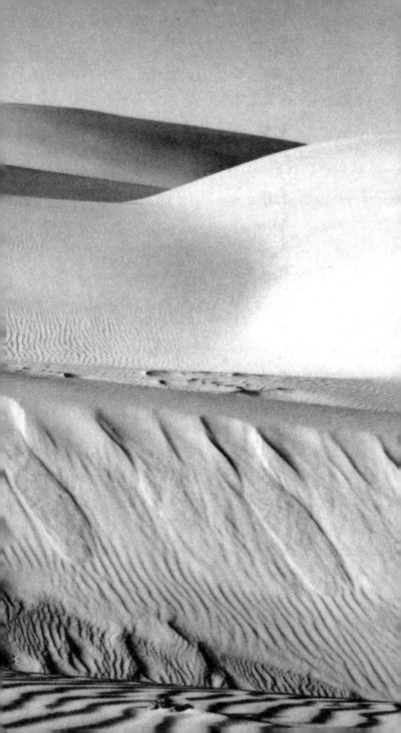

Die über ein Dutzend Bücher von Reshad Feild, in
sieben Sprachen übersetzt und in hohen Auflagen
verkauft, zählen zu den Eckpfeilern zeitgenös-
sischen spirituellen Gedankenguts. Ausgedehnte
Reisen führten den Engländer um die ganze Welt;
er war Marineoffizier, Börsenmakler, Werbefach-
mann, Popstar und Antiquitätenhändler. Im Verlau-

fe eines lebenslangen Abenteuers, das er beschreibt als „beständige Suche nach immer feineren Dimensionen der Wahrheit und der inneren Bedeutung des Lebens", kam Reshad Feild in Berührung mit den Lehren von G.I.Gurdijeff und P.D.Ouspensky und begegnete dem tibetanischen Buddhismus und seinen Lamas, amerikanischen Sioux Indianern sowie Meistern und Schamanen des Sufi-Pfades. Schließlich, packend geschildert in seinem ersten Werk *Ich ging den Weg des Derwisch,* fand Reshad Feild seinen wahren spirituellen Lehrer, der selbst einer langen Sufi-Tradition entstammte. Insgesamt sechzehn Jahre verbrachte Reshad Feild in den USA, bevor er 1986 in die Schweiz übersiedelte, wo er heute mit seiner Frau Barbara lebt.

Reshad Feilds Bücher sind eine Einladung, einige der Fragen zu teilen, die im Herzen aller wahrhaft Suchenden auftauchen. Sie geben uns einen Geschmack von der wirklichen, in unserem Alltag erlebbaren Freiheit und lassen uns entdecken, dass es EINE ESSENTIELLE WAHRHEIT ist, welche die Grundlage unserer Existenz auf der Erde bildet und dass wahres spirituelles Leben *hier* ist, und nicht in der Illusion eines imaginären Traumlandes.

⌣

Für den Kontakt zu Gruppen, die mit Reshad Feild arbeiten, wenden Sie sich bitte an Chalice, Dornacherstraße 9, CH-6003 Luzern.

Weitere Bücher
von Reshad Feild

Ich ging den Weg des Derwisch
1977 / 81

Das Siegel des Derwisch
1980

Schritte in die Freiheit
1985 / 89

Leben um zu heilen
1985 / 89

Reiseführer auf dem Weg zum Selbst
1989

Das atmende Leben
1989

Spuren im Sand
1990

Die Alchemie des Herzens
1990

Mit den Augen des Herzens
1991

Rosenblätter
1992

Der Flötenmacher
1992

Jede Reise beginnt mit einer Frage
1997